新时代大学生

劳动教育实务

主　编◎孙常强　戎　成　袁道福

副主编◎金萍女　李金磊

上海交通大學出版社

SHANGHAI JIAO TONG UNIVERSITY PRESS

内容提要

本书根据《关于全面加强新时代大中小学劳动教育的意见》和《大中小学劳动教育指导纲要(试行)》的要求编写而成。全书共分劳动的内涵、劳动精神、劳动品质、劳动法规与安全、未来劳动五个模块,通过"案例导读""拓展阅读""思考训练""主题实践"等栏目,帮助学生把握劳动教育的基本内涵,使学生理解和形成马克思主义劳动观,培育学生遵纪守法、诚实守信等优良品质,做有理想、有本领、勇于担当的新时代劳动者。本书适合作为高等职业院校劳动教育与职业素养教材,也可作为广大职业教育行业工作者的参考资料。

图书在版编目(CIP)数据

新时代大学生劳动教育实务/孙常强,戎成,袁道福主编. —上海:上海交通大学出版社,2023.12(2024.9 重印)

ISBN 978-7-313-28957-5

Ⅰ.①新… Ⅱ.①孙…②戎…③袁… Ⅲ.①大学生-劳动教育 Ⅳ.①G40-015

中国国家版本馆 CIP 数据核字(2023)第 158861 号

新时代大学生劳动教育实务

XINSHIDAI DAXUESHENG LAODONG JIAOYU SHIWU

主　　编:孙常强　戎　成　袁道福

出版发行:上海交通大学出版社　　地　　址:上海市番禺路 951 号

邮政编码:200030　　电　　话:021-64071208

印　　制:常熟市文化印刷有限公司　　经　　销:全国新华书店

开　　本:787mm×1092mm　1/16　　印　　张:8.5

字　　数:175 千字

版　　次:2023 年 12 月第 1 版　　印　　次:2024 年 9 月第 2 次印刷

书　　号:ISBN 978-7-313-28957-5

定　　价:48.00 元

前　言

2018年9月，习近平总书记在全国教育大会上发表重要讲话，提出了培养德、智、体、美、劳全面发展的社会主义建设者和接班人的总要求。讲话既强调了劳动教育在教育体系中的重要地位，也对深入开展劳动教育提出了新的更高的要求。

2020年3月，中共中央、国务院印发了《关于全面加强新时代大中小学劳动教育的意见》。该意见对加强和改进大中小学生劳动教育及其课程建设提出了新的部署和要求。该意见明确指出，要把劳动教育纳入人才培养方案，与德育、智育、体育、美育相融合，培养德、智、体、美、劳全面发展的社会主义建设者和接班人。同年7月，教育部在发布的《大中小学劳动教育指导纲要（试行）》中进一步阐释了劳动教育的内涵与特征，明确了职业院校与高等院校劳动教育课程建设的目标与内容。劳动教育以关乎培养担当民族复兴大任的时代新人的战略高度，以贯通大中小学各学段的覆盖力度，以贯穿家庭、学校、社会的连接广度，以融合德育、智育、体育、美育的交叉尝试，成为全面贯彻落实新时期党的教育方针的重要内容。

本书根据《关于全面加强新时代大中小学劳动教育的意见》和《大中小学劳动教育指导纲要（试行）》的要求编写而成，全书共五个模块：劳动的内涵、劳动精神、劳动品质、劳动法规与安全、未来劳动。本书围绕学习劳动理论知识，树立正确的劳动观念，继承和发扬劳动精神、劳模精神和工匠精神等主要内容展开，附以典型案例，构建了相对系统的专题化、模块化的教学体系。为了充分体现劳动教育课程的实践性特色，本书在每一模块的结尾设置了"主题实践"板块，旨在帮助学生将理论与实践相结合，在实践中转化所学，引导学生建立正确的劳动观念、形成正确的劳动习惯。

本书由浙江交通职业技术学院组织编写，其中金萍女负责编写模块一，袁道福负责编写模块二，李彦朝负责编写模块三，李金磊负责编写模块四，王康负责编写模块五。

由于编者水平有限，书中存在的不足和疏漏之处，恳请广大师生在使用后提出宝贵的意见和建议，以便我们及时进行修订。

目　录

模块一 劳动的内涵

教学目标

◎ 知识目标

（1）了解马克思主义劳动观的思想理论来源和基本内涵，理解马克思主义劳动观的当代价值。

（2）把握新时代劳动的新形态，了解新时代劳动与社会的关系。

◎ 能力目标

（1）在学习、工作和生活中自觉将马克思主义劳动观作为自己的行动指南。

（2）掌握新时代劳动者社会化的途径，紧跟时代步伐，成为一名合格的新时代劳动者。

◎ 素质目标

（1）理解马克思主义劳动观的当代价值，树立正确的劳动观，提升对劳动的重视程度。

（2）基于对新时代劳动形态变化的掌握，自觉提升自身劳动素养。

案例导读

雪线邮路的幸福使者——其美多吉

在雪线邮路上工作30年，行驶总里程达150万公里，相当于绕赤道35圈；驾驶重达12吨的邮车，每月都不少于20次往返在有“川藏第一高”“川藏第一险”之称的雀儿山；仅2018年，带领班组安全行驶62.49万公里，向西藏运送邮件41万件，运送省内邮件37万件，连续30年机要质量全红；工作途中曾遇歹徒持刀抢劫，身中17刀，肋骨被打断4根，头盖骨被掀掉1块；30年来，他没有在运邮途中吃过1顿正餐，只在家里过了5个除夕……

这就是其美多吉。在四川省甘孜州一条往返1 208公里、平均海拔高于3 500米的雪线邮路上，其美多吉用 30 年时间跑了 150 多万公里，只为将每一份承载着爱与信任的邮件送达。56 岁的其美多吉，是四川省甘孜州德格县龚垭乡人，1989 年进入邮政企业，现任中国邮政集团公司四川省甘孜州分公司长途邮运驾驶员、驾押组组长。2016 年，其美多吉所在的康定—德格邮路车队当选交通运输部“中国运输领袖品牌”；2018 年，康定—德格邮路被交通运输部命名为“其美多吉雪线邮路”。其美多吉本人曾获“中国好人榜”“四川省五一劳动奖章”“2016 年度感动交通十大年度人物”等称号。

“最危险的路段就是从甘孜到德格，尤其是雀儿山，夏天的时候要行驶 6 到 8 小时，冬季从 10 月到次年 5 月，整个山上都是风雪路面，刚上山可能是大太阳，到了山顶就不一定了。”在其美多吉看来，有“川藏第一高”“川藏第一险”之称的雀儿山海拔 6 000 多米，那里荒凉孤寂，自己驾驶着邮车送来的家书和外面的讯息，对常年驻守的道班工人们来说就是最温暖的慰藉。

谈起第一次翻越雀儿山，其美多吉印象深刻：“路面窄，我比别人速度慢很多，后面的车不断按喇叭想超车，但没地方让啊，只能开到路宽的地方停一下。因为真的太紧张、太小心了，整个车速不超过 10 码，停下来的时候，我发现车轱辘都发烫了。”

目前，甘孜州邮政分公司拥有 42 辆长途邮车、41 名长途邮车驾驶人员，州内邮路往返 6 516 公里，要翻越 17 座海拔 4 000 米以上的大山。其美多吉现在所在的驾押组，驾驶员最大的 55 岁，最小的 25 岁。

其美多吉驾驶技术好、路况熟，川藏线上无人不知，很多人都劝他换个更轻松更挣钱的工作。“这份工作培养了我，我就要对得起这份工作！”其美多吉没有豪言壮语，但每一句话都既朴实又坚定。

雪线邮路上的 30 年，其美多吉见证着祖国对藏区的巨大扶持，看到了家乡日新月异的巨变。其美多吉说：“我是一个地道的康巴人，我知道要感恩。每当老百姓看到邮车和我，就知道党和国家时时刻刻关心着这里。我们每一颗螺丝钉都是在为藏区发展做贡献，我热爱我的工作。”

（改编自《雪线邮路的幸福使者》，《求是》，2019 年第 4 期，作者：中共国家邮政局党组）

第一节　马克思主义劳动观

一、马克思主义劳动观的思想理论来源

人类对劳动的认识可谓由来已久。在马克思主义诞生之前，人们就已经对劳动展开了深入研究，并形成了不同的观点和理论，这些观点和理论都为马克思主义劳动观的形成提供了丰厚的土壤。在古希腊时期，荷马和赫西俄德基于当时的社会现实，将劳动视为一种奴隶的活动，一种在压迫下的不自由的人类活动。哲学家苏格拉底认同农业劳

动的重要意义，认为农业劳动可以塑造守卫者；同时代的柏拉图和亚里士多德则认为劳动是底层人民的专属。中世纪，基督教在西方广泛传播，其教义认为人生来就带有原罪，劳动是人类必须要经历的艰辛与痛苦，其负面影响是显而易见的。在文艺复兴和启蒙运动之后，劳动逐步被认为是一项正常的人类活动。

18 世纪，英国掀起第一次工业革命，工厂这种生产形式的出现，给社会生产方式和生产关系带来了巨大变革，机械化大生产冲击了传统的手工生产。这次工业革命开创了以机器生产代替手工劳动的时代，不仅极大地提高了生产力，还引起了重大的社会变革，使社会日益分裂成为两大对抗阶级，即占有生产资料的工业资产阶级和提供劳动的无产阶级。

19 世纪三四十年代，英国、法国、德国等国家的无产阶级开始发起独立的政治运动，最具代表性的就是著名的欧洲三大工人运动，即法国里昂丝织工人的两次起义、英国宪章运动和德国西里西亚纺织工人起义。这些工人运动为马克思和恩格斯进行理论研究提供了丰富的社会材料。与此同时，欧洲各种思潮澎湃，其中德国古典哲学、英国古典政治经济学和法国空想社会主义学说空前繁荣。德国古典哲学中黑格尔的辩证法和费尔巴哈的唯物主义为马克思提出辩证唯物主义和历史唯物主义提供了前提条件；英国古典政治经济学探索了资本主义制度下财富生产和分配的规律，为马克思创立剩余价值理论做了前期准备；法国空想社会主义学说提出了“实行公有制”“人人劳动，按需分配”等社会主义基本原则，对马克思、恩格斯构建社会主义产生了积极的影响。马克思通过对资本主义社会现实的批判，以及对德国古典哲学、英国古典政治经济学和法国空想社会主义学说的批判性继承，最终形成了马克思主义理论体系。

二、马克思主义劳动观的内涵

在马克思主义理论体系中，有很多关于劳动的论述。马克思主义劳动观的内涵包括以下三个方面：

（1）人是劳动的产物，劳动创造了人类生存所必需的全部物质条件和精神条件。在《自然辩证法》中，恩格斯提出了“劳动创造了人本身”的著名论断，并进行了详细阐述。恩格斯在《自然辩证法》中还进一步指出：政治经济学家认为劳动是一切财富的源泉。其实，劳动和自然界在一起才是一切财富的源泉，自然界为劳动提供材料，劳动把材料变为财富。但是劳动的作用远不止于此。劳动是整个人类生活的第一个基本条件，以致我们在某种意义上不得不说劳动创造了人本身。

（2）劳动是人类全部社会关系形成和发展的基础。劳动是人类的第一需要，主要表现在劳动是人类生存和发展的基本条件。人们在劳动过程中，一方面同自然界发生关系；另一方面又结成了生产关系。劳动在人类社会的产生和形成中起了决定作用。按照马克思主义的观点，生产力和生产关系、经济基础和上层建筑这两对社会基本矛盾，推动了人类社会的发展。在这两对社会基本矛盾中，生产力是最活跃、最革命的因素，是对人类社会发展起决定作用的因素。

（3）劳动推动社会全面发展。物质生产劳动是整个社会存在和发展的前提和基础，同时也是社会生活、政治生活及精神生活等其他生活的根本制约因素。马克思指出，任何一个民族，如果停止劳动，不用说一年，就是几个星期，也要灭亡，这是每一个小孩都知道的。[①] 生产劳动满足了人类的衣、食、住、行等基本生活需要，人类在此基础上才能从事其他方面的活动。只有生产劳动发展了，人们的普遍交往才能随之建立和发展起来，同时发展起来的还有人们其他方面的生活。劳动的这种创造和决定关系并不是只体现在结果中，还体现在生生不息的劳动过程中，随着劳动的发展，整个社会和人本身都获得发展，并收获了价值和幸福。所以，劳动是社会和人发展的根据，其不仅是社会存在和发展的前提，而且也决定着社会的形式和性质，并从根本上推动着社会的发展。

拓展阅读

红旗渠精神永不过时

20 世纪 60 年代，河南林县(现林州市)人民为了改变千百年来缺水的天然困境，坚信“与其苦熬，不如苦干”，立誓重整林县河山。他们历时 10 年，修建了中国的水上长城、天下第一人工河——红旗渠。当时参加工程修建的干部群众达 30 多万人，他们经受了困难时期的考验，在环境极其恶劣、条件十分欠缺的情况下，凭借一锤一钎一双手，削平山头 1 250 座、凿通隧道 211 个、架设渡槽 152 个、挖砌土石 1 640 万立方米，在沟壑纵横、悬崖绝壁叠生的太行山上修成长达 1 500 公里的人工天河。

---

① 中共中央马克思恩格斯列宁斯大林著作编译局. 马克思恩格斯选集：第 4 卷[M]. 北京：人民出版社，1995：368.

面对如此巨大的困难，林县人民敢于与天斗、与地斗，敢教日月换新天，创造性地发挥了自身的智慧，创造了人间奇迹，孕育了“自力更生，艰苦创业，团结协作，无私奉献”的红旗渠精神。自力更生是根基，艰苦创业是根本，团结协作是核心，无私奉献是源泉。自力更生就是依靠自身力量、立足自身条件把事情办好，这是我们成就一切事业的基础；艰苦创业，就是秉持“宝剑锋从磨砺出，梅花香自苦寒来”的信念，以苦作舟，以勤为径，这是中华民族的优良传统；团结协作就是凝聚共识，最大限度整合资源，充分解放和发展生产力，集中力量办大事，这是集体主义精神和社会主义本质的体现；无私奉献是共产党人的高尚情操，是民族振兴的动力，是国家强大的正能量。

（改编自 http://theory.people.com.cn/n1/2016/1112/c40531-28855145.html）

三、马克思主义劳动观的当代价值

（一）有利于新时代坚持和发展中国特色社会主义

马克思主义劳动观不仅在人类劳动学说史上具有重要的理论价值和历史地位，而且对当代社会的发展也有重要的指导作用，尤其是对新时代坚持和发展中国特色社会主义、实现中华民族伟大复兴、帮助新时代青年树立正确的劳动观具有十分重要的意义。

习近平总书记在党的二十大报告中指出：我们要“明确我国社会主要矛盾是人民日益增长的美好生活需要和不平衡不充分的发展之间的矛盾，发展中的矛盾和问题集中体现在发展质量上。”这一社会主要矛盾，正是基于当前社会生产力和生产关系之间关系的变化而得出的。要解决这一矛盾，必须树立马克思主义劳动观，正如习近平总书记2013年4月28日在同全国劳动模范代表座谈时的讲话中所指出的，“人世间的美好梦想，只有通过诚实劳动才能实现；发展中的各种难题，只有通过诚实劳动才能破解；生命里的一切辉煌，只有通过诚实劳动才能铸就”。① 新时代坚持和发展中国特色社会主义，必须坚持以人民为中心的发展思想，不断促进人的全面发展、全体人民共同富裕，奋力实现社会主义现代化和中华民族伟大复兴，把我国建成富强、民主、文明、和谐、美丽的社会主义现代化强国。

（二）有利于新时代培育和践行社会主义核心价值观

马克思主义劳动观是社会主义核心价值观的重要组成部分，一个人、一个家庭、一个民族、一个国家只有秉承“劳动最光荣、劳动最崇高、劳动最伟大、劳动最美丽”的观念，才能在具体的工作劳动中获得自信心、成就感和归属感。劳动是平等的，没有高低贵贱之分，不论是繁重的体力劳动，还是辛劳的脑力劳动，都是社会存在和发展所必需的。三百六十行，行行出状元，劳动者只要在劳动中踏实肯干、爱岗敬业，就应该得到社会的尊重。我们必须在全社会大力弘扬劳动精神，提倡热爱劳动、投身劳动、爱岗敬业，让劳动光荣、创造伟大成为铿锵的时代强音，让“劳动最光荣、劳动最崇高、劳动最伟大、劳动最美丽”的观念蔚然成风。

（三）有利于培育新时代青年正确的劳动观

改革开放以来，伴随着经济社会的高速发展，一些不良风气慢慢在社会中滋生，很多人忘记了辛勤劳动会带来物质财富和精神财富，渐渐沉迷于投机取巧以获取暴利。一些人“金钱至上”，认为金钱是万能的，是衡量一切行为的标准，盲目地崇拜金钱，忘却了劳动这一祖先留给我们的无价财富。广大青年是建设新时代中国特色社会主义的中坚力量，也是新时代中国特色社会主义的接班人，我们在面对价值多元、信仰迷失等问题时，应该自觉地将马克思主义劳动观作为自己的行动指南，树立科学高尚的人生追求。作为新时代中国特色社会主义建设者和接班人，我们要有担当、有能力、有自信，以劳动托起中国梦。

拓展阅读

部分青少年劳动价值观异化的五大怪象

《半月谈》记者调研发现，当前，一些青少年产生了好逸恶劳、嫌贫爱富、不劳而获等不良心态，折射出当前劳动价值观的缺失和异化。如何教育引导学生崇尚劳动、尊重劳动，长大后辛勤劳动、诚实劳动、创造性劳动，成为亟待解决的问题。

现象一：好逸恶劳、嫌贫爱富，不尊重劳动和普通劳动者。受社会不良风气以及家庭教育不当的影响，一些孩子从小形成了“劳动分贵贱”的错误价值观。

现象二：“老儿童”“巨婴”越来越常见。某高校女大学生，一上大学就带妈妈过来陪

① 鞠鹏摄. 人世间的美好梦想，只有通过诚实劳动才能实现[N]. 中国青年报，2013－04－29(01).

读，妈妈白天在外面打工，早中晚过来送饭，给她洗衣服，还承包了宿舍的卫生。除了这种陪读的，还有大学生定期寄脏衣服回家洗，或者花钱雇钟点工去宿舍打扫卫生，生活自理能力堪忧。

现象三：在青少年存在不劳而获、坐享其成的苗头。当前，大中小学生超前消费的苗头已经显现。中小学生使用奢侈品、高档化妆品的新闻频现报端，大学校园贷、裸贷层出不穷。

现象四：不思进取，"啃老"现象日益凸显。有些青年宁可回家"啃老"，每天在家上网打游戏，或者拿着父母的钱周游世界，吃喝挥霍。

现象五："年轻人宁送外卖不进工厂"。职校毕业生不愿进工厂，青年择业、就业观扭曲，工匠流失严重。记者在采访中发现，珠三角、长三角企业频现"用工荒"。大量技术工人从制造业流失，而这些技术工人恰恰又是中国制造业转型升级最缺的人才。

这些现象是青少年劳动价值观缺失和异化的典型表现。现象一，反映出劳动平等观的缺失，鄙视劳动，不尊重劳动；现象二，反映出劳动习惯的缺失，不会劳动，更不热爱劳动；现象三，反映出辛勤劳动的观念的缺失，好逸恶劳，追求一夜暴富；现象四，反映出不劳而获的思想、"躺平"的观念和行为；现象五，反映出错误劳动观所造成的社会后果，即对于技能成才的淡漠。缺乏正确的劳动观，就会影响到青年学生的成长成才，更会影响到时代新人的培育和民族伟大复兴的实现。所以应切实加强对大学生们的劳动教育，特别是要将马克思主义劳动观贯彻始终。

（改编自 https://www.thepaper.cn/newsDetail_forward_3619390）

第二节　新时代的劳动新形态

一、传统的劳动形态

（一）物质劳动

马克思在《资本论》中提出，劳动首先是人和自然之间的过程，是人以自身的活动来引起、调整和控制人与自然之间的物质变换的过程。① 物质劳动具有以下三个特点：①物质劳动以劳动工具为手段；②物质劳动的对象是自然资源；③从事物质劳动的目的是创造满足人类生产生活所需要的物质产品。

原始性物质劳动指的是人最初所从事的动物式的本能的劳动。在唯物史观中，这种原始性物质劳动是人自我进化的历史起点，同时，它还是人与人彼此发生联系进而形成人类社会的基础和纽带。在人类社会形成之初，仅有以自然资源为劳动对象的物质劳动，人们借助劳动工具，从自然界直接获取资源，或者对自然资源进行初步加工，劳动

① 中共中央马克思恩格斯列宁斯大林著作编译局.马克思恩格斯全集：第23卷[M].北京：人民出版社，2004：207.

目的是创造人类活动所需要的物质产品。随着社会进步，生产力有所提升，劳动工具得以改进，劳动对象范围逐渐扩大，物质劳动扩大到金属冶炼和以手工为主的加工制造业的劳动。伴随着现代化工业进程的推进，加工制造业的范围逐渐拓宽，劳动分工日益精细化和专业化。

（二）非物质劳动

随着社会生产力的发展，劳动的形态逐渐发生变化，分化出非物质劳动。非物质劳动是指不直接创造物质财富的一切非物质生产部门的劳动者的劳动，基本上是为生产和生活服务的劳动。服务性劳动，也是社会生产发展之所需。譬如商品流通、信息咨询、中介服务、餐饮旅游、金融保险等领域的劳动，虽然不能直接创造物质财富，却为社会提供了必要的生产服务和生活服务。随着生产力的发展，作为非物质劳动的服务性劳动越来越重要，非物质劳动日益成为社会生产的主要方面。

二、劳动形态的新变化

（一）科技劳动是重要的生产劳动

科学技术的飞速发展，使一切生产要素，包括工具、工艺、劳动者的技能和智力水平都发生了根本性变化。科学技术已渗透到社会生产的各个环节，成为推动经济发展的决定性因素。

科技劳动成为推动经济社会发展的高效劳动，创造了更多的价值和财富。例如，在农业机械化转型升级的过程中，许多机械化、智能化的设备投入生产。自动牧草打捆机、大葱种植机等机器的使用，以及 3D 视觉技术、GPS 导航技术、5G 等技术的应用，都大大提高了劳动效率，加速着农业现代化发展。

（二）经营管理成为重要的劳动形态

科学技术迅猛发展，市场竞争日趋激烈，劳动的综合性和整体性大大增强，对企业的经营管理提出了更高要求。经营管理作为一种复杂的、特殊的脑力劳动，在现代经济中的重要性日益凸显，在价值创造中的作用越来越大，成为现代劳动的一种重要形式。

随着时代的不断发展，唯有创新，企业才能发展和兴旺。这就要求现代企业经营管理者，既要掌握专业知识、现代信息手段、市场知识，能够制定资本运营战略和企业发展战略，也要具有适应变化的决策能力、激励政策的设计能力以及人际交往能力，应在管理、经营、技术等方面具有一定的创新能力。现代企业经营管理是一种更复杂、更高级、对经营管理者的素质要求更高的脑力劳动，可以创造更多的价值和财富，在企业的生产、销售和服务过程中都起着至关重要的作用。

（三）服务性劳动日益重要

科学技术的发展给产业结构带来了巨大变化，导致传统的生产劳动不再局限于物质生产领域，已延伸至社会服务领域和精神文化领域。具体表现为第一产业和第二产业在国民经济中所占的比重呈下降趋势，而第三产业在国民经济中占有越来越大的比重，发挥着越来越重要的作用。国民经济中第三产业所占比重能在一定程度上反映一个国家的现代化水平，在发达国家，该比重超过50%，甚至达到80%以上。

党的十八大以来，我国生活性服务业的发展大大促进了产业结构、消费结构的转型升级，推动了消费需求新热点的形成。旅游、文化、体育、健康、养老等“幸福产业”蓬勃发展，还在扩大就业、提升就业质量和居民生活品质方面发挥了重要作用。在许多地方，生活性服务业的迅速发展，促进了城市公共服务向农村延伸，推动了城乡基本公共服务均等化，为实施乡村振兴战略做出了重要贡献。为满足人民群众的生活需要，一些城市结合提升居民生活品质、优化宜居宜业宜游环境，推进生活性服务业集聚区建设，打造国际化都市商圈，有效推动了生活性服务业集聚集群集约发展和标准化、品牌化建设，大力提升了其质量、效益和竞争力。

综上所述，相较于传统的劳动形态，新时代的劳动在主体、内容、形式、对象、目的等方面均发生了巨大变化。随着时代的进步、科技的发展，劳动形态也会与时俱进。

三、新时代的劳动形态

劳动是人类创造财富的活动，树立正确的劳动观念、提升劳动素养对每个人都至关重要。新时代的劳动形态可分为新时代生活劳动、新时代生产劳动和新时代服务性劳动三大类，它们之间你中有我、我中有你，相辅相成。

（一）新时代生活劳动

生活劳动是指可以直接满足生活需求的劳动，其不仅可以为人们提供舒适、整洁的生活环境，还可以促进人的健康。新时代背景下的生活劳动主要包括日常生活劳动和其他生活劳动。日常生活劳动包括洗衣服、打扫卫生、买菜、做饭、浇花等。通过日常生活劳动，大学生不仅可以提高生活技能，还可以提升自我。只有体会到劳动的乐趣，认识到劳动的价值与意义，大学生才能不断成长、不断进步，成为一名“上得了厅堂，下得了厨房”的可造之才。其他生活劳动如布置装饰房间、检修维护家用电器等，不仅可以为家庭成员带来舒适的生活环境，营造温馨的生活氛围，排除安全隐患，而且可以帮助大学生增强安全意识，培养细心、认真、负责的生活态度。

（二）新时代生产劳动

1. 现代农业生产劳动

现代农业是以现代科学技术为基础、利用现代工业提供的生产资料发展起来的农业，包括设施农业、观光农业、精准农业、太空农业等。现代农业大大提高了农业产出，它区别于传统农业的关键在于农业科技的参与，如培育良种、改进灌溉技术、改良作业方式等。现代农业不再局限于传统的农产品供给功能，开始承担生活休闲、生态保护、旅游度假、文化传承等功能。现代农业生产对劳动者提出了更高要求，需要劳动者成为有知识、懂技术、会经营的新型职业农民。大学生应进农村、下田地，积极参加农业生产劳动，了解农业生产过程，体会劳动的不易与艰辛。

2. 先进工业生产劳动

随着第三次科技革命的爆发和经济全球化的发展，工业生产发生了巨大变革，传统制造业逐渐衰落，先进工业生产应运而生。先进工业生产相对于传统制造业而言具有制造技术的先进性、管理技术的先进性以及产业或产品的先进性。发展先进工业生产的最终目标是实现产品的数字化设计、自动化生产、信息化管理以及网络化经营。

随着科技的进步，先进工业生产的自动化和智能化程度越来越高，对劳动者的要求也越来越高，需要劳动者成为一专多能、有着强烈责任感以及团队协作精神的复合型人才。大学生积极下厂劳动，学习与先进工业生产相关的专业知识，有利于提升劳动技能，深刻认识到劳动要素、资产要素、技术要素、管理要素对工业生产的重要影响；同时，有利于了解劳动的多样性，认清工业生产的发展前景，为今后自身的发展获得一些参考和启迪。

拓展阅读

一个人扛起整条生产线

一个人扛起整条生产线，完成200套消毒设备的生产，这是一种怎样的体验？

2020年1月26日大年初二，江苏省苏州市一家精密机械公司的负责人袁传伟接到合作伙伴的电话，得知湖北省武汉市发生新冠肺炎疫情，医院急需消毒设备。由于工人们被疫情阻隔在家，袁传伟便一人扛起整条生产线，从1月27日开始，连续16天独自坚守在生产线上。编程、加工、质检等以往需要5个人协同完成的工序，如今他一个人独扛。袁传伟废寝忘食，唯有在机器自动切割的那20分钟，才能在沙发上打个盹。最终，袁传伟一个人完成了200套设备订单，并成功发往湖北。如今，谈起连轴转的日子，他说："虽然辛苦，但总比疫情夺取人的生命要好。"袁传伟觉得自己从来不是一个人在战斗，大家心连心在一起，为抗击疫情做出努力。

（改编自 https://m.gmw.cn/baijia/2020-02/17/1300954790.html）

3. 智能制造生产劳动

20 世纪 80 年代，人们首次提出智能制造时，只是单纯地期望在某些生产情境下以智能机器人代替部分人力。随着人口老龄化和劳动力数量减少，智能化生产将在经济发展中扮演越来越重要的角色。工业和信息化部、财政部发布的《智能制造发展规划(2016—2020 年)》提出，智能制造是基于新一代信息通信技术与先进制造技术深度融合，贯穿于设计、生产、管理、服务等制造活动的各个环节，具有自感知、自学习、自决策、自执行、自适应等功能的新型生产方式。在高新技术密集爆发的大背景下，智能制造已成为推动全球制造业高质量发展的重要驱动力，许多国家都在积极布局相应的发展战略。

智能制造业的快速发展为大学生的能力提升提供了良好的机遇。大学生应积极参与智能制造大赛，探索具有引领性的人工智能技术在工业领域的深度应用，提高创新能力和团队协作能力。有条件的大学生，可以到智能制造工厂参观、实习，了解智能制造技术及其应用，了解智能制造业对人才的需求，为未来就业做准备。

4. 创新创业型生产劳动

随着信息技术的飞速发展和全球经济一体化的迅猛推进，“大众创业、万众创新”已经成为当今经济和社会发展的主要力量源泉。大众创业正在成为劳动者寻找新的定位、创造新的价值的有效途径。大学生应具有扎实的专业知识和较强的创新精神，积极参与各类社会实践、技能大赛和创新创业大赛，提高自身的专业技能和创新创业能力。

(三) 新时代服务性劳动

1. 社会服务劳动

社会服务劳动是指在教育、医疗、家政、文化和旅游等社会基础服务领域付出的劳动，其不以营利为目的，具有无偿性或低偿性。当前大学生开展的社会服务劳动主要包括暑期“三下乡”、社会调查、暑期实习、志愿者服务等。通过参加社会服务劳动，大学生可以走出校门、深入基层、服务群众，并在此过程中提高思想觉悟、增强服务意识、投身社会主义现代化建设。

2. 科技服务劳动

科技服务业是指运用现代科技知识、现代技术和分析研究方法，以及经验、信息等要素向社会提供智力服务的新兴产业，具有人才智力密集、科技含量高、产业附加值大、辐射带动作用强等特点。

科技服务劳动在生产生活中占据着重要的地位，发挥着重要的作用。科技服务劳动可以降低生产成本，提升产品质量，提高生产效率，减少环境污染，增加经济收益。参加科技服务劳动实践，对大学生来说具有重要意义。

（1）通过科技服务劳动实践，大学生可将专业知识和技术应用于生产实践中，通过生产实践验证科研成果，体验社会生产与科学研究的差异，让科学研究以科技服务劳动的形式在生产实践中落地生根。

（2）通过科技服务劳动实践，大学生可培养社会责任感，增强服务意识，将科研成果应用到生产实践中以回馈社会，在推动经济建设和社会发展的同时，也增强了社会责任感和奉献精神。

（3）通过科技服务劳动实践，大学生可提高科学素养和学术修养。在科技服务劳动实践中，大学生要杜绝不端行为，做到不剽窃他人学术成果、不篡改编造数据。

（4）通过科技服务劳动实践，大学生可培育创新精神和创新能力。创新精神和创新能力是社会发展的动力，没有创新精神和创新能力的人很容易被社会抛弃；创新精神和创新能力要从实践中培养，创新成果也要经得起实践的检验。

3. 新型服务劳动

新型服务劳动是在市场经济条件下和科学技术高度发展的背景下产生的一种复杂劳动。首先，新型服务业在整个服务业的比重不断提高，形成了便捷、智慧、安全的体系。例如，快递、外卖、电商等服务逐渐融入人们的生活，对传统服务业影响较大。其次，新型服务劳动更多依靠创新驱动。例如，智能机器人、自动驾驶、电子支付等技术的涌现，不仅为生活带来方便，而且降低了人力资源成本，也为服务业的发展带来生机。在人工智能技术快速发展的新时代，部分传统劳动将渐渐退出历史舞台，社会对传统劳动者的需求逐年递减。与传统服务劳动相比，新型服务劳动对劳动者自身的知识技能的要求越来越高，但它也意味着更多的机遇、更好的工作环境、更人性化的管理、更少的劳动时间以及更多的劳动报酬。

拓展阅读

天使妈妈李美玲

李美玲从事儿童福利工作22年，在基层任劳任怨为近200名孤残儿童服务，是这些“折翼天使”心中的好“妈妈”。虽非亲骨肉，依然父母心，在保育院工作时，李美玲一人照顾22个残疾孩子，不仅要负责他们的康复护理、特殊教育、吃喝拉撒等，还要“忙里偷闲”哄抱撒娇的宝宝们，满足宝宝们对于母爱的渴望。

2020年，突如其来的新冠肺炎疫情打乱了人们的正常生活，为了保障孤残儿童的身体健康和生命安全，她24小时坚守岗位达100多天，和同事一起负责环境消毒、发放防疫物资、排查安全隐患的工作，并走访寄养家庭，疏导家长的心理压力，帮助其解决困难，关心了解儿童在寄养家庭的生活和学习情况。为恢复和增强儿童的身体功能，使这些孩子更好地融入社会，李美玲不断探索创新，与同事一起用鲜活的案例诠释特殊教育的内涵，她主编完成了13万字的《儿童幸福成长康教活动100例》，此书的出版填补了本土孤残儿童康复教育范本的空白。她始终战斗在儿童福利事业第一线，践行着一名共产党员和基层干部的初心和使命。

李美玲在儿童福利工作中做出了突出的贡献，她在岗位上尽心尽责的精神值得我们学习。

（改编自 https://www.gdszgh.cn/a/gonghuidongtai/shizongdongtai/2020/1125/5072.html）

第三节　新时代劳动和劳动者的社会化

一、新时代劳动的社会化

劳动社会化是一个与生产力发展相联系的概念，其是指个体生产者分散进行的劳动转变为由劳动协作与社会分工联系起来的社会化劳动的过程。“而这种社会化必然要求生产过程中的各种职能的专业化，要求把分散的、孤立的、在从事这一生产的每个作坊中各自重复着的职能，变为社会化的、集中在一个新作坊的、以满足整个社会需要为目的的职能。”①

劳动社会化的本质是生产力的发展和社会化，劳动社会化的过程就是社会分工不断深化的过程，劳动社会化的最终结果是实现真正的社会化劳动。新时代的劳动社会化必将进一步促进经济的发展与进步，推动现代化进程。

新时代劳动社会化的内容主要包括以下三方面：

（1）生产资料使用的社会化。生产资料由单人分散使用变为多人共同使用，以达到节约生产资料的目的。

（2）劳动操作过程的社会化。劳动操作过程日益分解，不同部分由不同的专业人员

---

① 中共中央马克思恩格斯列宁斯大林著作编译局.列宁全集：第1卷[M].北京：人民出版社，1984：79－80.

负责，从而使最终产品成为许多人共同完成的、名副其实的社会产品。

(3) 劳动成果的社会化。劳动的目的不仅是满足劳动者个人的需要，而且是满足他人、市场和社会的需要。

二、新时代劳动者的社会化

劳动者社会化强调人作为劳动者的身份，是与特定岗位以及特定劳动环境相联系的，是一个面向工作、面向具体劳动岗位的社会化过程。只有在具体的工作、劳动岗位中，才能完成劳动者的社会化过程。具体而言，劳动者社会化指的是将一个社会人转变成一个合格的劳动者，使其在适应一定的时代、文化、社会环境以及工作环境的同时，掌握所需要的劳动技能。

新时代劳动者的社会化可以通过以下途径实现：

(一) 学习和掌握一个职业应当具备的知识与技能

2020年11月24日，习近平总书记在全国劳动模范和先进工作者表彰大会上的讲话中指出："劳动者素质对一个国家、一个民族发展至关重要。当今世界，综合国力的竞争归根到底是人才的竞争、劳动者素质的竞争……新形势下，我国工人阶级和广大劳动群众要继续学先进赶先进，自觉践行社会主义核心价值观，用劳动模范和先进工作者的崇高精神和高尚品格鞭策自己，焕发劳动热情，厚植工匠文化，恪守职业道德。将辛勤劳动、诚实劳动、创造性劳动作为自觉行为，要适应新一轮科技革命和产业变革的需要，密切关注行业、产业前沿知识和技术进展，勤学苦练、深入钻研，不断提高技术技能水平。"①

很多人在进入劳动组织并成为正式员工之前，已经通过家庭、学校等的教育，获得了一定的专业知识和劳动技能。但是要成为一名真正的劳动者，仍须经过一段时间的劳动培训。实际工作岗位所需的知识、技能及能力等，通常只有通过在实际或近似实际的劳动环境及工作实践中，接触具体的设备、生产流程，与工作团队进行技术交流等才能真正地获得。大学生在日常学习中要注意进行个人职业生涯的规划，明确自己的劳动责任，有针对性地学习和掌握所需的知识和技能。

(二) 了解和学习劳动规范，融入企业文化

为保证正常运行，任何劳动组织都有一整套制约劳动者行为的制度、惯例、公约、习俗，称为劳动规范。在工作环境中发生的所有事情，如工作和休息、分工和协作、承担职责和行使职权等，都应在一定的劳动规范的制约下进行。新进入劳动组织的人，都有一个从了解、遵守劳动规范到吸收的过程。只有顺利完成这一过程，劳动者才能

---

① 习近平：在全国劳动模范和先进工作者表彰大会上的讲话[EB/OL].(2020-11-24)http://www.gov.cn/xinwen/2020-11/24/content_5563928.htm.

在劳动组织中正常生存和成长，真正成为劳动组织的一员。劳动规范是企业文化的组成部分，每个企业的文化环境是不同的，也就是说，每个企业都有自己独特的企业文化，这表现为企业具有自己独特的管理方法、行为准则，并且企业的员工具有共同的价值观、共同的行动准则和目标以及共同学习的榜样。对于新劳动者来说，他们不仅应该熟悉企业特定的工作环境，而且应该尽快了解企业的文化环境并融入企业文化中。

（三）适应人际关系，完成角色转变

在学习劳动技能、劳动规范并融入企业文化的同时，劳动者还应当学会正确处理人际关系，实现角色转换，正确定位和发挥自己的社会角色。社会角色是指与一定社会地位和身份一致的一整套权利、义务的规范和行为模式，是人们对具有特定身份的人的行为期望，它构成了社会团体或组织的基础。个人在家庭中扮演家长/子女的角色，在学校里扮演老师/学生的角色。当个体走向劳动岗位时，同样也面临角色定位的问题。在这个过程中，个体对社会环境的适应与调节不仅包括社会方面的内容，也包括心理方面的内容。特别是对于刚从学校毕业进入劳动岗位的大学生而言，这一过程相当复杂且漫长，他们需要强大的社会适应能力，不仅要掌握广泛的知识和技能，而且要尽快适应工作环境，迅速定位并发挥其社会角色。大学生往往存在学习能力较强而社会交往能力较弱的问题，可以在学习之余多参与社会实践，锻炼人际交往能力，逐步培养社会化的心理意识，这有助于个人顺利完成个人角色的转变。

思考训练

（1）劳动的本质是什么？

（2）新时代的劳动形态发生了哪些变化？

（3）对大学生开展劳动教育的意义是什么？

主题实践

劳动价值观成就时代新人

少年智则国智，少年强则国强。作为时代新人，当代大学生要承担起这些重大历史责任，就必须深刻认识劳动教育的重要性，树立“劳动最光荣、劳动最崇高、劳动最伟大、劳动最美丽”的价值观念，培养勤俭、奋斗、创新、奉献的劳动精神。

社会调研：大学生劳动价值观调查

1. 活动主题

劳动创造了世界，创造了人类，创造了财富。劳动光荣，劳动平等，尊重劳动就是尊重人本身。当今强调尊重劳动应克服片面性，既尊重创造性的复杂的智力劳动，又尊重在平凡岗位上兢兢业业、默默奉献的劳动，使各种劳动有机统一于社会主义现代化建设事业中。

作为新时代中国特色社会主义事业的建设者和接班人，当代大学生应该尊重劳动、崇尚劳动，正确对待体力劳动和脑力劳动，树立正确的劳动价值观。大学生的劳动价值观是否正确不仅影响着大学生的成长、成才，也影响着我国培养社会主义劳动者和建设者这一教育目标的实现。

本活动的主题，就是调查了解当今大学生的劳动价值观，从而正确认识自身的不足，更好地传承中华民族的劳动精神，做弘扬劳动的新时代大学生。

2. 活动具体目标

1）知识目标

通过调研活动，了解大学生劳动价值观的现状，取长补短，改正自身的问题，弘扬自身的优点，培养正确的劳动价值观。

2）能力目标

在实践活动中，初步了解并掌握问卷调查和收集分析资料的方法，培养信息收集、整合和分类，并对整理后的信息进行系统重组的能力。

3）态度目标

采用小组合作的形式，协同探究，共享劳动成果，培养协作精神。在调研大学生劳动价值观的过程中，学会尊重劳动、尊重劳动者，树立主人翁意识和责任意识。

3. 活动地点

教室和其他地方。

4. 活动人员

教师及全班学生。

5. 活动实施

（1）将学生分组，每组按照个人特点确定网络资料收集、撰写问卷、发放问卷、访问、记录等分工。

（2）完成实践活动。结合小组实际，采用网上调查、问卷、访问等方式，以本校大学生为样本库，调研当代大学生的劳动价值观。

（3）整理数据、资料，得出调研结果并最终撰写调研报告。

6. 学习效果评价

完成本主题实践活动之后，通过小组会议的形式进行总结与思考。可以小组为单位撰写学习总结，提交 PPT 演示文稿，并推选代表在总评会上讲解，小组之间相互进行点评，最后由教师进行总结评价。

1）技能考核评价

技能考核评价表

班级		姓名	
学号		小组成员	
实践项目	社会调研：大学生劳动价值观调查		
实践流程			
结果分析			
自我评价	优秀□　合格□　不合格□		
教师评价	优秀□　合格□　不合格□ 教师签名：　年　月　日		

2）学习过程评价

学习过程评价表

序号	考核内容	配分	评分标准	自评	互评	师评
1	小组准备	10	小组分工明确，能够对学习任务内容及实施步骤进行精心准备			
2	知识运用	30	能够熟练、准确地运用所学知识完成主题实践任务			
3	成果展示与任务报告	20	成果展示内容充实、语言规范，主题实践活动报告结构完整、观点正确			
4	学习态度与课堂纪律	15	学习积极主动、态度认真，遵守教学秩序			
5	自主学习与动手能力	10	具有自学意识与较强的动手能力			
6	团队配合	15	团队意识、分工合作、问题解决、团队纪律			
7	总分统计	100				
8	综合评价					

模块二
劳动精神

教学目标

◎ 知识目标

（1）理解和掌握劳动精神、劳模精神、工匠精神的实质和科学内涵。

（2）理解劳动精神、劳模精神、工匠精神的时代价值。

◎ 能力目标

（1）通过对劳动精神、劳模精神、工匠精神的探究与学习，掌握培养和践行劳动精神、劳模精神、工匠精神的途径与方法。

（2）在日常生活和学习中自觉主动投身劳动实践，不断提升自身专业能力。

◎ 素质目标

（1）形成爱岗敬业的劳动态度和精益求精、追求卓越的工匠精神，增强自身的职业认同感和劳动自豪感。

（2）培育积极的劳动精神，尊重劳动，尊重普通劳动者，牢固树立“劳动最光荣、劳动最崇高、劳动最伟大、劳动最美丽”的思想观念。

案例导读

港珠澳大桥建设者胡从柱：像钢铁一样坚毅的匠人

2018 年 10 月 24 日上午 9 时，港珠澳大桥正式通车。这个全程 55 公里、被英国《卫报》誉为“新世界七大奇迹”的港珠澳大桥大大缩短了我国香港、珠海、澳门的交通时间，是世界上最长的跨海大桥。

白天的大桥灵动、有韵律，夜晚的大桥又宛如镶嵌在大海上的魅力明珠。当看到这一切，作为港珠澳大桥珠海口岸项目的生产经理胡从柱内心感慨万分，他见证了港珠澳大桥从无到有的过程，顺利完成了这个难度系数极高的项目，看到如今的景象，胡从柱觉得当初再多的辛苦也是值得的。

2015 年 5 月 24 日，刚完成昆明会展的胡从柱接到公司通知前往港珠澳大桥珠海口岸项目，尽管知道这个项目很有难度，他还是担起了这份责任。

港珠澳大桥珠海口岸项目的工地属于人工岛，用砂石回填的人工岛上地基比较软，吊车很难直接行走，运输成了很大困难。胡从柱便铺设钢板，提前规划行车路线以保证设备正常运输。工地四周毫无遮挡，每天海风达到 4、5 级，作业环境十分恶劣，吊装作业的时间、空间都受到了限制，但这也并没有难住胡从柱。“港珠澳大桥珠海口岸是一个大跨度工程的钢结构穹顶，如果选择传统的高空原位安装，那么大量的焊机和校正都得在高空进行施工，难度就会加大，安全风险也会高。”胡从柱说。随着国内钢结构建筑的发展，造型各异的建筑设计也涌现出来，但对施工要求也越来越大，创新也变得更加重要。于是他想出了采用小型设备原位拼装整体提升的技术，之后再用大型设备进行吊装，也提高了工程效率，顺利完成了港珠澳大桥珠海口岸旅检大楼 A 区近 7 万平方米的屋面网架安装。也正是因为有像胡从柱这样认真负责的参建者，才有了这个惊艳世界的作品。

在中建钢构里有这样一句话：“有困难，找从柱。”胡从柱不畏艰难，面对新问题总能找到新的解决方法。这句话既是对他工作的肯定，也是一种激励，“我以后的工作还得更加脚踏实地才行。”

中建钢构“优秀员工”、广东省“五一劳动奖章”、广东省“南粤工匠”、全国“五一劳动奖章”、全国“最美职工”……这些称号表明了胡从柱在钢结构建设中的不平凡成绩。“人们总提到匠心精神，在我看来，匠心精神是对职业的一种尊敬。有耐心、勤勤恳恳做事、追求专业的精神，便是对匠心最好的诠释。”

“干我们这一行，一点差错都不能有，否则就会发生意外。”胡从柱在工作中精益求精，从来不懈怠。每做一个项目，胡从柱都会带出来许多徒弟，他技术高、没有架子，从来不吝惜将自己的技能传授给别人。30 多年来，他的许多徒弟也都成为一线工程中的中流砥柱。

“遇到一些特殊位置不好施工的，胡从柱会过来指导。没做好的地方，胡从柱也会耐心讲解。”胡从柱的徒弟林新炽说，“很多人对胡从柱的第一感观都是憨态可掬、敦厚朴实，很难看出劳模身影，但仔细了解之后，就能感受到他的坚毅果敢、求真务实。”胡从柱虽然不善言辞，但却是一个尽职尽责的好师傅。“作为年轻人，就要多学多做，做一行爱一行，细心、有责任心也是从事我们这行必须要具备的品质。”胡从柱希望以后还能多培养几个徒弟，将自己的经验传承下去。

32 年来，从一名吊装工、到吊装大班长，再到如今成长为一名生产经理，他的能力得到了同行的高度认可，为人处事也受人尊重。尽管工作至今已经获得了很多荣誉，但他始终认为自己就是一个普通人。胡从柱说：“建筑工人的生活虽然很枯燥、很辛苦，但是看到自己的建设给祖国带来了变化，我感到很自豪、很骄傲。”未来，他也希望能够再参与几项钢结构工程，继续投身到祖国的建设中去。

（改编自 http://qclz.youth.cn/znl/2018/0/t2018/030_11768700.htm?mobile=0）

第一节　劳动精神，创造幸福

劳动精神主要是指人们对于劳动的热爱态度及劳动者在劳动过程中体现出来的精神状态、精神面貌、精神品质。它是关于劳动的思想意识和心理状态的总括，是每位劳动者为创造美好生活而秉持的劳动态度、劳动理念及其展现出的精神风貌。新时代劳动精神的培养，是传承良好社会风气的前提条件，是贯彻实干兴邦理念的具体表现，更是发展中国特色社会主义的重要保证。因此，要重视劳动精神的塑造和培养，并使之贯穿于家庭教育、学校教育、社会教育的全过程。

一、劳动精神的内涵

习近平总书记在 2020 年 11 月 24 日召开的全国劳动模范和先进工作者表彰大会上，明确地将劳动精神的内涵概括为四个方面：崇尚劳动、热爱劳动、辛勤劳动、诚实劳动，为我们正确理解劳动精神提供了根本的遵循。

（一）崇尚劳动

劳动是光荣和神圣的，崇尚劳动是劳动者应具备的态度。首先，劳动是宪法所赋予的、不可剥夺的权利和义务。我国宪法明确规定："公民有劳动的权利和义务。"公民通过劳动，为社会发展进步提供产品和服务，同时提升、发展自我。其次，劳动的成果是神圣的，劳动者通过劳动创造出人类社会发展所需的各种产品。人们通过劳动，获得着满足感、成就感和尊严感，体会着成功和梦想的能量。劳动成为人类最美好、最崇高的存在。人们常说劳动创造美，那是因为劳动本身就是美的，没有劳动，衣、食、住、行都将成为泡影，只有尊重劳动并崇尚劳动，才能通过劳动创造实实在在的价值。

（二）热爱劳动

热爱劳动，不仅是对劳动成果的美好向往，是甘愿为社会的进步发展奉献一切、兢兢业业劳动的崇高精神，更体现在遇到阻力、挫折时的坚持与热爱。中华民族是艰苦奋斗、热爱劳动的民族，中华民族的灿烂文化是广大劳动者通过辛勤劳动获得的，中华民族的伟大复兴更应该是中华儿女用足够的劳动热情来实现的。当代青年理应热爱劳动，勇敢面对劳动过程中的艰难险阻，为民族振兴、国家富强和人民幸福而奋斗。

（三）辛勤劳动

辛勤劳动是劳动精神实践层面的重要组成部分。《左传》中写道："民生在勤，勤则不匮"，意思就是，百姓生活的根基在于辛勤劳作，只要辛勤劳作就不会缺少物资。《古文观止》中的《敬姜论劳逸》也记录有"民劳则思，思则善心生"，由此可见，勤劳是中华民族的优良传统。现如今，我们也依靠勤劳，开创了快速发展的新篇章。"一勤天下无难事"，弘扬劳动精神，不仅要从认知层面肯定辛勤劳动，更要在实际生活工作中，践行辛勤劳动，踏实肯干，发挥聪明才智，克服一夜暴富和不劳而获等错误思想。

（四）诚实劳动

诚实劳动是劳动精神所蕴含的重要部分。诚实劳动不仅是每一位劳动人民应该遵循的准则，更是值得传承并发扬光大的中华美德。以诚为先、以诚为重、以诚为美，这才是劳动的应有之义。诚实劳动不仅关乎劳动价值、关乎道德底线，更涉及人民的生命和生活。不讲诚信的劳动，不仅与优秀的传统文化相违背，与社会主义核心价值观相背离，更是危害社会的行为甚至是违法犯罪的行为。

拓展阅读

全国道德模范王顺友："马班邮路"上的信使

2021年5月30日，一位邮递员永远离开了我们。初夏的凌晨，王顺友在凉山州木里县的家中永远地闭上了眼睛。

5点40分和6点05分，王顺友的女儿王小英在朋友圈发出两条信息："爸爸一路走好"。后一条信息，王小英配发了一张王顺友身着邮政制服，蓝天白云下牵马走在邮路上的照片。

清晨的木里县下起小雨，空气中传来草木和泥土的味道，就像那条王顺友牵着马走了30多年的"马班邮路"的味道。

"马班邮路长又长，山又高来路陡峭。情注邮路不畏险，爱洒人民永不悔……"王顺友的歌声曾拂过"马班邮路"上的每一道岭、每一棵树、每一块石头。

只是，这歌声今后再也不会响起了。

由于特殊的地理环境，过去的木里县很多乡镇不通公路、不通电话，只有通过"马班邮路”，党报党刊、政策文件才能尽快地送到偏远的乡村，党的声音才能传到木里县的每个角落，远方亲人的问候才能温暖家乡父老的心田。

1985 年，走了一辈子“马班邮路”的父亲把手中的马缰绳交给王顺友，并对他说：“父亲老了，走不动了，这个班今后就交给你。”那年，王顺友不到 20 岁。他继续走着父亲走过的路，一走就是 30 多年。王顺友每走一个班要 14 天，一个月要走两班。一年 365 天，他有 330 天走在邮路上。他这样描述自己的生活：冬天一身雪，夏天一身泥，饿了吞几口荞粑面，渴了喝几口山泉水或啃几口冰块，晚上蜷缩在山洞里、大树下或草丛中与马相伴而眠，如果下雨，就得裹着雨衣在泥水中躺一夜。最苦的是心头的孤独，特别是到了晚上，大山里静得可怕，伸手不见五指，他能感觉到的只有风声、水声和狼嚎声。

每当王顺友想打退堂鼓时，就会想起自己把邮件送到老乡手里时他们高兴的样子，想起把录取通知书送到学生家里的样子，想起自己在路上生病了乡亲们陪着走几天几夜的样子。“乡亲们需要我”这个念头，让王顺友继续坚持下来。

30 多年来，他每年投递各类邮件近万件，没有延误过一个班期，没有丢失过一分邮件，投递准确率达 100%。30 多年来，他在雪域高原跋涉了 26 万千米，相当于 21 趟二万五千里长征或绕地球赤道 6 圈。30 多年来，他为了一个简单而又崇高的使命，在大山深谷之中穷尽青春年华。30 多年来，他以忠诚如铁、责任如山的可贵精神和执着不悔、坚定顽强的实际行动创造了中国乃至世界邮政史的纪录和传奇。

（改编自 http://cpc.people.com.cn/BIG5/n1/2019/1024/c428852-31418278.html）

二、劳动精神的时代价值

历史证明，劳动精神是中华民族赖以生存与发展的精神纽带，也是推进党和国家事业的精神动力，弘扬劳动精神具有时代价值。

（一）全面认识劳动，树立正确的劳动观

怎样看待劳动、怎样对待劳动者标志着一个社会的文明程度。劳动精神植根于民族血脉之中，是对中华优秀传统文化的赓续传承，是中华民族奋斗不息、顽强进取的强大精神动力。劳动精神又升华于马克思主义劳动观的科学指引。从历史维度看，劳动创造了人，创造了人类社会和历史；从政治经济角度看，劳动是价值的唯一源泉，创造了物质财富；从社会文明和价值论视域看，劳动创造了精神财富，并形成了劳动传统、劳动理念、劳动精神。青年大学生要热爱劳动、尊重劳动、崇尚劳动，因为劳动是人类最基本、最重要的实践，在整个人类社会的发展中处于关键性地位。

（二）促进人的本质呈现，推动人的全面发展

马克思在历史上第一次把人的本质与生活世界这一人类活动产物统一起来。人的本质就是“实际生活过程”的展开，这其中的社会关系总和也将随着人实践的扩大和丰富而呈现一种社会性和历史性。

劳动与人的关系是一种未完成的过程关系，人的本质也是未完成的、具有发展性和指向未来的动态可能性，劳动本质就是人的主体力量的外化过程。马克思认为："个人怎样表现自己的生命，他们自己就是怎样。因此，他们是什么样的，这同他们的生产劳动是一致的，既和他们生产什么一致，又和他们怎样生产一致。"①在劳动过程中，劳动者能够发挥才能和激发潜力，不断提升自我，实现个人价值，并得到全面的发展；能够增进友谊、培养感情，体会生命的价值，感受人生的真谛。

（三）体验劳动幸福，引领劳动风尚

中华民族自古以来就热爱劳动、崇尚劳动、辛勤劳动、吃苦耐劳。新时代背景下，中国人民将源远流长的传统劳动与改革开放、现代化建设的伟大实践相结合，实现了劳动的传统民族性、时代创新性、丰富性相融合。把握和理解劳动精神的科学内涵，就是要营造劳动光荣、创造伟大的时代风尚，让辛勤劳动、诚实劳动、创造性劳动观蔚然成风。

辛勤劳动是中华民族的传统美德。中国人有着浓郁深厚的劳动情怀和辛勤劳动的优良传统。中国古代以农耕劳动为主，勤劳、苦干、坚韧不拔，是中华民族最宝贵的品格，是几千年来中国民族精神内核最为生动的体现。老子的"天地不仁，以万物为刍狗"，说的就是要生存就得靠自己，不能靠苍天。这比"神爱世人"更现实。每个文明在初期都是有神论，但唯独我们的文明不畏惧神，所以我们的祖先从不把生存的希望寄托于神的眷顾，五千年的中华民族信仰"劳动"。人生在勤，不索何获？千百年来，勤劳致富不仅是一种朴素的美德和简约的真理，更是对中华民族优秀品质的传承。

诚实劳动是社会规范的基本要求。诚实的劳动回报合法合理合情，合理是道德公认程度，合法是制度规范尺度，合情是符合情感接受与常情规则。通俗说，诚实劳动就是不投机取巧、不耍奸溜滑、不破坏劳动工具、遵守劳动纪律。

创造性劳动是新时代底色。改革开放达到一定阶段后，生产从粗放型向集约型发展，劳动从简单劳动向复杂劳动、智能化劳动转变，从体力劳动主导向精英式现代化劳动转换，从"差不多"先生向大国工匠提升，而创造性劳动就是其中的内驱力。

大学生们要深刻体会劳动精神的科学内涵与时代意义，认识到劳动是手段和目的的统一，是享受劳动成果和劳动创造过程的统一，只有通过劳动创造才能获得最真实的幸福和最美好的未来。

拓展阅读

80后公厕管理员辛勤劳动获全国"五一劳动奖章"

李影17岁从徐州丰县到上海打工。2005年10月，她成为沪太路1170弄（龙潭小

① 中共中央马克思恩格斯列宁斯大林著作编译局. 马克思、恩格斯. 马克思恩格斯文集：第1卷[M]. 北京：人民出版社，2009：520.

区)29号公共厕所管理员，在这片被常人认为又脏又臭的小天地里，却干出了一番“大事业”，使她管理的小区29号公共厕所成为传说的“全上海最好的厕所”。她从大家关注的环境入手，自创“跟踪式”保洁法，即每来一位客人，就进行一次打扫，把墙角、地面、蹲位、挡板全部擦干净。这种保洁方式劳动强度很大，除了勤快地随时保洁没有别的捷径。为了不耽误工作，李影的中饭、晚饭大多是在厕所门厅里吃的。她自掏腰包在公厕设置了很多便民设施，点起檀香，贴起“小心地滑”提示，摆上了洗手液，添置了大鱼缸、书报架、饮水机、花瓶、医药箱，为残疾人铺上红色“防滑垫”，厕所门口设置了休息长椅，使原本人们印象中脏臭、呆板的公厕变得生动温馨。她看到市民自行车、电动车停放不便，就自己动手把公厕门前的一片泥地改造成停车点；公厕50米外是龙潭小区居委会便民输液点，常有老人举着吊瓶来上厕所，她就经常主动迎上去，将老人扶进厕所。她的“望一下、问一声、扶一把、送一程”的服务程序，得到输液老人的交口称赞。多年来，李影以热心、细心、虚心、耐心、诚心管理公厕，靠着勤劳与努力在上海扎下了根。在她的带领下，“智慧公厕”在上海静安区逐渐普及，她的服务法也在全市推行。她先后被评为全国服务明星、全国首批优秀农民工，荣获全国“五一劳动奖章”。2009年6月，经上海市人民政府批准李影获得了上海户籍。目前，李影担任上海静安城市发展(集团)136有限公司作业三部厕所总监理，但她始终认为自己仍是一名普通的一线环卫工作者。

李影是社会中亿万个默默付出的劳动者的一个缩影，他们也许工作岗位不同，却都是社会不可或缺的一分子，都为社会的发展进步做出了贡献。他们以勤劳善良、朴实坚毅的劳动品格日复一日地努力着，尊重并珍惜自己的工作，在平凡中让生活充满快乐，也为社会与他人带来温馨。

(改编自 https://biaozhang.12371.cn/2012/09/14/ARTI1347557208181540.shtml)

三、劳动精神的培育

新时代大学生不断增强自身的劳动观念，弘扬勤劳奋进的精神，塑造劳动品德，培养劳动能力，以饱满的精神面貌投身于社会主义现代化建设，为中华民族的伟大复兴贡献出自己的一分力量。

(一) 树立科学的劳动理念

劳动理念就是对于劳动的认识和看法。理念具有先导性和前瞻性，正确的理念能够指导人们进行正确的活动，而科学的劳动理念能够指导大学生进行正确的劳动行为。劳动理念培育的关键之处是要树立尊重劳动、热爱劳动、积极参与劳动的劳动意识。

(二) 秉持正确的劳动态度

劳动态度是指劳动者对于劳动所持有的评价和行为倾向。大学生要端正劳动态度，要明白无论从事哪个行业，都是在以自己的方式为社会的进步做出自己的贡献。职位没有高低贵贱之分，在平凡的岗位上也能创造辉煌。将来有一天自己走向工作岗位时，无论从事的是哪一份职业，都要自觉按照职业道德准则来规范自己在日常工作和生活中的行为。态度决定一切，可以预知的是，秉持正确的劳动态度能够使大学生在未来的职业生涯中更容易收获成功。

（三）培育优良的劳动品德

劳动品德是指热爱劳动的优秀品德。品德的力量是无穷的，它能够决定一个人的整体道德素质，影响人的后续发展。因此，大学生要注重培育劳动品德，在劳动的过程中修炼自身德行，完善自身的素质，塑造高尚的人格。

（四）养成良好的劳动习惯

劳动习惯是指一个人在长期劳动中形成的一种身体的本能。劳动习惯具有相对的稳定性。俗语说："习惯成自然"，良好的劳动习惯能够使大学生在日常的生活中将劳动看作一种自然的行为，而不是被动发生的行为。人要想成就优良的学业和辉煌的事业，拥有一段幸福且美好的精彩人生，必须养成良好的劳动习惯。那些优秀的人，多半是拥有良好劳动习惯的人。良好的劳动习惯教育对一个人的成长和成才具有不可忽视的重要作用，因此，大学生要注重养成自身良好的劳动习惯，让良好的劳动习惯贯穿自己生活的始与终。

（五）塑造高尚的劳动情怀

劳动情怀是指对于劳动的特殊情感。劳动情怀是建立在对劳动的正确认知的基础上，经过长期的社会实践而形成的。劳动是人类特有的，是人类区别于其他动物的显著标志。人类有必要将劳动代代传承下去，形成一种热爱劳动的情怀。大学生可以通过勤工助学、校园绿化、整理图书，以及设置助教、助管、助研、助理等勤工俭学的机会，主动培养自身的劳动情怀，培养自身对于劳动的这份特殊情感。这种情怀一旦形成，就将具有持久的生命力，就会指引着人们不断前进，依靠双手创造更加美好的明天。

拓展阅读

劳动最光荣——全国“五一劳动奖章”获得者曾国苍

曾国苍，南通万达锅炉有限公司容器制造部手工焊组班长，2019 年全国“五一劳动奖章”获得者。

曾国苍是南通万达焊工队伍的优秀代表，是中材节能员工的缩影。他勤学苦练，不断进取，熟练掌握多种焊接方法操作技能，曾获得南通市职工职业技能大赛第一名，第四届全国职工职业大赛第五名，第三届北京“嘉克杯”国际性焊接技能大赛“优秀选手”。他“焊”艺卓绝，在公司技术创新、重大项目难点攻克、关键工序应用研发方面做出了突出贡献，先后荣获“全国技术能手”“中央企业青年岗位能手”“南通市劳动模范”等荣誉称号。

曾国苍是一名普通焊工，他立足岗位做贡献、扎实工作求发展，在自己的岗位上踏实工作，在平凡的工作中做出了不平凡的业绩。他是千千万万工人的代表，用勤劳的双手描绘了美好的图画，也为无数职业院校学生树立了榜样，从而认识到劳动最光荣，劳动最崇高，劳动最伟大，劳动最美丽。

（改编自 http://m.thepaper.cn/baijiahao_13459118）

第二节　工匠精神，筑造未来

在我国，工匠精神源远流长，几千年来形成了“尚巧工”的社会氛围。中华人民共和国成立以来，我们党在带领广大人民进行社会主义现代化建设的进程中，始终坚持弘扬工匠精神。无论是“两弹一星”、载人航天工程取得的辉煌成就，还是高铁、飞机等的设计与制造，都离不开工匠精神，都展现出我们对工匠精神的继承与发扬。

一、工匠精神的内涵

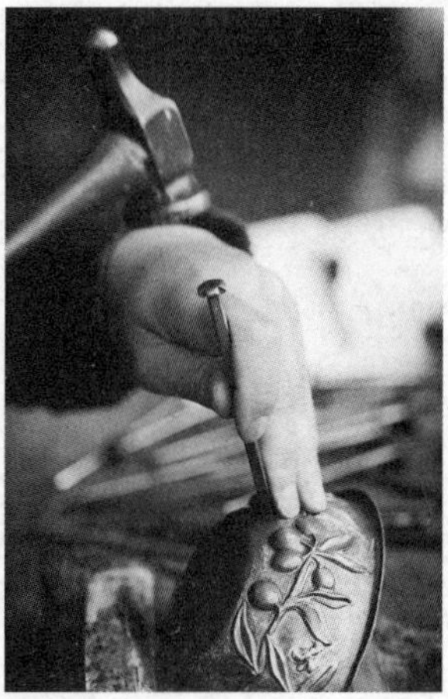

工匠精神，就是工匠们在自己的职业中淬炼出来的品质与气质。它其实是一种理念，一种对自己的作品精益求精、不断完善使其完美的精神理念。工匠专注于每一个细节，运用智慧和经验，创造性地改造物质世界，打造完美产品。工匠们对每一项工作都充满敬畏，对每一个步骤都一丝不苟，同时对最后的劳动结果充满诚意，并由此获得成就感。工匠们的付出，赋予了作品灵魂和生命。

在新时代大力弘扬工匠精神，对推动经济高质量发展、实现“两个一百年”奋斗目标具有重要意义。新时代工匠精神的基本内涵，包括爱岗敬业的职业精神、精益求精的品质精神、协作共进的团队精神、追求卓越的创新精神。

(一) 爱岗敬业的职业精神

爱岗敬业的职业精神是工匠精神的根本。树立正确的劳动观和劳动态度，充分认识到劳动没有高低贵贱之分，无论从事何种工作，都要做到干一行、爱一行、钻一行。只有尊重、热爱自己的职业，才会心甘情愿地付出，才会持之以恒地坚持，才会始终如一地钻研，做到尽职尽责、尽善尽美，对得起自己的良心。爱岗敬业是责任和付出，是品质和尊严，是道义和担当，是新时代青年应具备的职业精神。

(二) 精益求精的品质精神

精益求精的品质精神是工匠精神的核心。对工匠而言，雕琢自己的作品不只是一份工作，还是生活的重要组成部分；工匠精神不仅存在于某一个职业，而且存在于每一个人的心里。工匠不会马马虎虎、得过且过，而是从日复一日的劳动过程中体会快乐和成就感，将每一步做到精益求精。“天下大事，必作于细”，工匠是笃实专一、心无旁骛、努力将工艺做到极致的人。精益求精是一种极强的责任意识，是对品质、信誉负责，对消费者权益负责的体现。

拓展阅读

李淑团：精益求精，把工作做到极致

“我的梦想就是把每一项技能学好，把每一个产品做好，看着一个个最原始的铁块在我们手中变成一个个精致零件，有的还被载上航天飞船飞入太空，心里会有一些成就感。”“全国三八红旗手”，河南三门峡中原量仪公司的首席员工、高级磨工李淑团感慨地对记者说。

三门峡中原量仪股份有限公司创立于1965年，作为中国首家精密量仪生产企业，开辟了中国精密量仪新领域，填补了国内多项空白。李淑团所在的磨工岗，一天要在操作台站立8小时以上，精度比“在大米上刻画”还要高，这既费体力又耗精力的工作，李淑团一干就是30多年。李淑团还创造了零件加工的超精奇迹。她所操作的机床设备可以达到千分之一毫米的精度，而李淑团使用它所能达到的精度在万分之三毫米至万分之五毫米之间。许多微米级精度的部件，都是手工做出来的，产品远销30多个国家和地区。她的岗位成了大家心中的放心岗位，她的班组也成了放心班组。

李淑团喜爱读书，喜欢思索。2012年，她在公司拳头产品的拼合式气动量仪零件加工中，一举攻克了关键零件“锥度玻璃管”的加工技术难关。她经过不断摸索，反复试验，最终大胆创新出了以磨代研的技术，填补了国内“锥度玻璃管”的加工技术空白。30多年来，李淑团兢兢业业，每年都超额完成任务量，获得“全国三八红旗手”

等荣誉称号。她的梦想就是把每一项岗位技能练好，把每一个产品做精。她先后带出了 30 多个好徒弟，使他们成为“中国智造”的中坚力量。逢年过节或星期天，她常把徒弟们请到家里来，聊聊家常，给他们做顿好吃的饭菜，让身在异乡的他们感受到家的温暖。“作为一名老党员、老职工，我深知每一名员工的每一步成长都离不开企业，而企业的每一步发展也离不开全体员工的齐心努力。”李淑团说。

李淑团用自己获得的奖金成立了一个劳模基金，用来奖励公司的创新技术人才，让劳模精神、工匠精神发扬光大，传承下去，激励青年员工不断提高专业技能知识，为中国制造奋斗。

精于工、匠于心、品于行，李淑团在工作中不断演绎着“能人所不能”的精湛技艺，小到一枚螺丝钉、一根电缆的打磨，大到飞机、高铁等大国重器的锻造，都展现出笃实专注、严谨执着的匠心匠魂。

（改编自 https://www.workercn.cn/32532/201708/24/170824130510617.shtml）

（三）协作共进的团队精神

协作共进的团队精神是工匠精神的要义。跟传统的工匠不同，当代工匠尤其是产业工人的工作场所已很少是手工作坊，大机器生产成为主流，企业创造价值的过程发生改变，分工高度专业化、精细化，任何一个行业都需要具备相关专业知识和技能的人才协作共进，而不是各自为战。所谓协作，就是团队成员分工合作；所谓共进，就是团队成员共同努力、共同进步。新时代呼唤那些追求有序协同、精诚合作的新型工匠，他们将成为中国制造的主力。

（四）追求卓越的创新精神

追求卓越的创新精神是工匠精神的灵魂。一直以来，创新在科学研究、技术进步、社会发展、国家振兴等方面发挥着独特的作用。锤炼精湛技艺、锻造过硬本领，离不开传承延续，更离不开推陈出新。作为一线工作者，工匠们不仅仅应该追求精益求精，更应该对生产力的提高有着强烈的渴望，而这源于创新。创新需要思考，工匠们要善于学习、不断探索、永不满足，以开放的姿态吸收前沿科技成果，提升产品质量，实现自我提升，不断升华工匠精神，赋予传统技艺新的生命力。

拓展阅读

杨金龙代表：建议设立“全国工匠日”

2020 年全国“两会”（十三届全国人大三次会议、全国政协十三届三次会议）上，全国人大代表、杭州技师学院特级教师杨金龙建议设立“全国工匠日”。他说：“设立‘全国工匠日’，倡导‘工匠精神’，可以推动劳动者树立起对职业的敬畏、对工作的执着、对产品的责任，带动中国制造业走向中高端，从‘制造大国’变为‘制造强国’。”2015 年，在巴西圣保罗举行的第43届世界技能大赛上，他一举拿下汽车喷漆项目的金牌，实现了在该项大赛中中国金牌“零”的突破。

杨金龙说，如果将人才结构比作金字塔，支撑起高塔的塔基是数量规模最大、行业覆盖最广的技能人才。“设立‘工匠日’有助于形成社会共识，弘扬工匠精神，打造领先世界的中国速度和中国精度，擦亮中国制造品牌。”

2019年，杭州将每年9月26日定为“工匠日”。杨金龙认为，这是对工匠精神的肯定，也表达了对为杭州建设发展做出贡献的广大劳动者的激励和敬意。

（改编自 https://www.hangzhou.gov.cn/art/2020/5/25/art_812262_43358165.html）

二、工匠精神的时代意义

虽然工匠精神具有鲜明的时代特征、民族特色和表现形式，但古今中外的工匠精神也具有相通之处，即都具有促进个人的全面发展，提高经济竞争力以及传承和发展民族文化等重要作用。

（一）增强国家综合竞争力的精神资源

工匠精神对产业、职业、专业的专注以及对精益求精、不断创新的要求，推动了行业的发展与技术升级，推动实体行业从“制造”到“智造”的转变，推动了经济可持续发展。在中国进入高质量发展、新发展格局和创新驱动阶段的关键期，从从业者的素质、能力的提高到产业结构的高品质升级，再到国家从制造大国到制造强国的升级，工匠精神都是其中的重要环节。

（二）坚定民族文化自信的精神纽带

文化自信是指对自身文化价值的充分肯定，对自身文化生命力的坚定信念，对既有文化优良传统的肯定与坚持。工匠精神是中国优秀传统文化的重要组成部分，是中华民族的精神传统，庄子的“庖丁解牛”、秦国李冰父子修建都江堰、鲁班工艺等都是工匠精神的体现。弘扬工匠精神有利于传承中华优秀传统文化、培育和践行社会主义核心价值观、文化的交流和传播，有利于推动对中华民族的文化认同，增强社会责任和担当意识，进一步坚定文化自信。

（三）培育高素质劳动者的助推器

工匠精神是一种职业精神，包含着职业信念和职业目标。培养工匠精神，有利于增强个体的职业认同感和使命感，以勤学苦练、精益求精、久久为功的专业知识积累和职业素养训练，助力劳动者的全面发展和高素质人才的培育。职业态度层面养成的持续专注、精益求精的坚守与习惯也推动着劳动者“大国工匠”的基本素养和信仰型人格的形成。

拓展阅读

"三峡工匠"李然:痴心守护"大国重器"

万里长江,纳百川汇巨流,作为新时代世界内河运量最大的黄金水道,三峡枢纽是控巴蜀引荆襄,扼守长江经济带发展的关键节点。一扇扇开合的巨大闸门,像世界看中国的窗口,成为政治敏感度高、安全风险度高、民生关联度高、社会关注度高的重点航段。保障通航安全、畅通、高效至关重要,可不论是万里长江第一坝的葛洲坝,还是世界第一大坝的三峡大坝,每一扇闸门都是世界级"巨无霸",要让它们俯首称臣,谈何容易?

李然16年如一日,"燃"在三峡,独辟蹊径,大胆革新,让三峡船闸停航检修时间从100多天压缩到50天,再到30多天,通航效率不断攀升;他始终坚持在第一线开展科学研究,让三峡"天下第一门"提速再提速,用一项项凝聚着汗水和智慧的发明创造,每年为船方和社会节省数亿元。他用行动,用20多项通航关键技术、24项国家专利、3项行业标准,践行着入党誓言:自主创新科技报国,新时代共产党员就该越是艰险越向前。

"李然创新工作室"是湖北省总工会授牌的省级劳模创新工作室,既是创新成果的孵化器,也是人才培养的加速器。2016年成立以来,在李然的指导带领下,工作室累计申报发明专利21项,获得授权发明专利3项、实用新型专利8项,撰写论文86篇,提出合理化建议187条,均成功转化应用。在同事眼中,李然是破冰专家,是引航者;在业内人眼里,他是当之无愧的技术管理精英。船厢姿态调整工艺、下闸首排水工艺、升船机补排水工艺、漂浮物清除工艺,李然正带领他的团队开展着很多针对性的研究。每天,他在现场忙得脚不点地,因为在他的心中,守护好、运行好大国重器,早已融为他最坚定的执着与崇高的信念。

（改编自 https://sxth.mot.gov.cn/zt/jswm/ddjs/202104/t20210427_222889.html）

三、工匠精神的培育

在新时代，大力弘扬工匠精神，有助于推动实施制造强国战略，提升我国综合实力，有利于培养大国工匠，促进科技创新，有助于打造中国品牌，提升国际形象。我们不必人人成为工匠，却可以人人成为工匠精神的弘扬者、践行者。

（一）加强专业知识学习，树立终身学习意识

青年大学生要崇尚技能，崇尚劳动，具有学习掌握技术的兴趣和意愿，具有熟练掌握专业技术的能力，具备将专业技术创意和方案转化为有形物品或对已有物品进行改进与优化的能力。专业学习和实践实训绝不只是简单地做出有形的产品，还应结合行业特点和专业特点分析本职业岗位应具备的职业精神，并将其融入专业学习中。

为了自己的持续发展，大学生要树立起终身学习的意识，不断积淀知识经验，强化自身的创新意识、创新精神，积极参与创新实践，从小事做起、从基础做起，迎难而上、百折不挠，在实践中增长见识、砥砺品质、强化本领、收获成功。

（二）专心致志，干一行爱一行

青年大学生要学习工匠对工作充满激情、对技术精益求精、对产品追求极致、穷尽一切力量只为做到最好的精神，要把工作当成使命，当成一生的信仰和追求。只有把工作当使命的人，才能始终对工作充满热情，才能潜心谋事、一心干事、全心成事，才能激发自己最大的潜能。

不慕虚荣，珍惜就业岗位。工作来之不易，应该把自己的工作当成一种责任、一种承诺、一种义务、一种使命。珍惜岗位就是珍惜自己的就业机会，拓展自己的生存和发展空间，千万别等到失去的时候才懂得珍惜。如果你对工作总是漫不经心，做一天和尚

撞一天钟，不珍惜自己的岗位，到头来损害的不光是企业的利益，自己也会因此丢掉手中的"饭碗"。对自己的每一份工作，我们都应有珍惜之情，并勤问之、慎思之、精进之，精益求精、精雕细琢，从而在每一个岗位上成就辉煌。

（三）树立职业荣誉感，赢得尊重

所谓职业荣誉感，就是每个职业人在职责范围内做好自己的事情的那种职业责任感及做好职业之后在社会上获得尊敬及感到光荣的感觉。职业荣誉感与敬业精神、职业道德息息相关。良好的职业荣誉感是良性社会的标志。只要把本职工作做得出色，就会得到充分的尊敬，自己也能体验职业所带来的荣誉感和幸福感。普通人即使在平凡的岗位上也能成就一番事业，推动社会发展、进步。新时代的青年大学生，应当树立、强化自己的职业荣誉感，不管是在学校还是在工作中，都用工匠的标准严格要求自己的行为举止、工作态度，用自己创造出的优秀成果赢得尊重。

（四）用创新捕捉智慧之光

创新始终是推动一个国家、一个民族向前发展的重要力量。"大众创业、万众创新"（以下简称"双创"）是推动中国经济改革发展的重大举措，是具体落实国家创新驱动战略、建设创新型国家的重要途径。"双创"需要创新理念和创新精神的引领。但是，光有创新理念、创新精神是不够的。创新要有一以贯之、衔接过去和未来的东西，这就是工匠精神。

在"互联网＋"时代，信息是瞬息万变的，青年大学生应积极投入"双创"中，并在"双创"中注入工匠精神。就创业者而言，要有坚守信仰、不忘梦想的初心，顽强执着、拼搏进取的决心，坚忍不拔、锲而不舍的耐心，更需要有精益求精、追求卓越的匠心。就创新者而言，既要摒弃浮躁、潜心钻研，又要优化创意、精雕细琢，不断精进、永不自满。工匠精神能够使我们更加关注创新创业的细节和风险，养成踏实、勤劳、严谨、不浮夸、不浮躁的工作态度，脚踏实地地走在创新创业的征途上。

拓展阅读

李军：深耕一线铸匠心

"把新研制的组合式测井仪再测试几遍，验证一下实际效果。"3 月 18 日下午，山东东营突降春雪。经纬公司胜利测井公司开发测井工程部仪修工房里，李军带着同事正忙得热火朝天。

"从春节到现在试验一直没间断，总觉得时间不够用。"李军笑着摆摆手，工衣上一大片黑色的油渍。瘦削的身材，浓密的眉毛，黑框近视眼镜里透露出倔强，34 年扎根一线的经历在额头雕刻出一道道皱纹……

李军，集团公司技能大师，"李军创新工作室"带头人，先后研制出 8 种类型 100 多种测井仪器，带领团队累计创造产值上亿元。1988 年，李军作为胜利油田的"油二代"，参加工作后，成为一名测井小队操作员，1994 年因为表现出色被派到冀东油田从事外部市场服务。“那里的冬天太冷了，夜里设备被冻成冰疙瘩，每次干活前，必须拿柴油喷灯一点一点烤。”当时测井仪器比较落后，只能一趟一趟下井，生产时效很低。和众多其他测井队伍同场竞技，李军从不服输，他等工友睡着了，悄悄从床上爬起来，打着手电筒在小本子上写写画画，反复修改，最终攻克了“拦路虎”。他凭借实际行动不仅赢得了口碑，也获得了甲方的奖励。

2002 年回到公司后，李军在基层小队担任队长，因为测井仪器不断更新，科技含量越来越高，他自我加压，靠刻苦自学取得了中国石油大学（华东）的计算机专业本科学历。随着胜利测井外部市场不断发展，境外土耳其、国内陕西延安，李军带队四处转战，干中学，学中干，对测井仪器的性能洞察入微，技改发明也更加得心应手，从一名测井工逐渐成长为测井工特级技师、山东省突出贡献技师。“这些年李军真的很拼，白天带队干活，晚上创新发明，几乎没见他晚上 12 点前睡过觉。”同事侯斌说。

2011 年李军创新工作室成立，2018 年首批授牌，20 多名成员全部来自一线小队和仪器维修专业干部。李军带领大家全力聚焦生产实际难题，以推动公司创新创效为目标，树立“维修、改进、发明”的思路，把“敬业、精益、专注、创新”的工匠精神融入全过程，废寝忘食加班加点，一项项“书本上找不到、市场上买不来、生产中离不开”的创新成果如雨后春笋相继诞生。

为解决固井测井任务多、仪器购置价格高的问题，他们完成了“固井组合测井仪器”电子线路的研制，完成数千井次施工，节省仪器购置费 300 余万元，年均创效 200 余万元。工作室自主研制的“组合式小井眼声波测井仪”，集成声波、自然伽马和通信传输功能于一体，仪器长度由 12 米减到 5 米左右，有效解决了侧钻井容易遇阻的问题，测井一次成功率提升 20%以上，目前已完成 32 口侧钻井测井任务，获得全国能源化学地质系统优秀职工创新二等奖。

针对大斜度井、水平井无法完成井壁取芯难题，他们研制成功钻杆输送模块化撞击式取芯器，在外部市场增收 120 万元。工作室设计的“测井电缆快速鱼雷”，更换电缆鱼雷的时间由原来的 30 分钟缩短到 3 分钟以内，推广应用后工作效率大幅提升；发明的“取芯器岩芯筒拆卸工具”解决了无法取出残留岩芯筒的问题，有效避免了生产一线的安全风险。

“处处是创新之地，天天是创新之时，个个是创新之星。”李军通过“经纬大讲堂”“名师讲座”“周末课堂”等平台，定期组织技术交流座谈和技能培训活动，坚持做好高技能人才传帮带，实现创新创效和人才梯队建设的良性互动。先后培养主任技师、高级技师 26 名，累计完成革新成果 132 项，取得国家专利 20 项，编写发布国家行业标准和企业标准 4 项、仪器操作维修规程 5 项，编写中石化员工培训教材 6 部。2022 年 1 月，“李军创新工作室”被评为中石化示范性创新工作室。

“一线是创新的沃土，扎根基层更让我动力十足。我要带领工作室针对生产中的瓶颈勇于担当克难攻坚，为把能源饭碗端在自己手里再立新功再创佳绩！"李军说。

（改编自 http://www.sinopecnews.com.cn/xnews/content/2022-05/09/content_7029861.html）

第三节　劳模精神，引领时代

让劳动创造成为时代强音，离不开榜样的力量。我们要大力宣传劳动模范的先进事迹，引导广大人民群众树立辛勤劳动、诚实劳动、创造性劳动的理念。

一、劳模精神的内涵

劳模精神是指劳模之所以成为劳模，即在平凡岗位上做出不平凡业绩所坚持坚守坚定的基本信念、价值追求、人生境界及其展现出的整体精神风貌。2015 年 4 月 28 日，习近平总书记在庆祝"五一"国际劳动节暨表彰全国劳动模范和先进工作者大会上强调："'爱岗敬业、争创一流，艰苦奋斗、勇于创新，淡泊名利、甘于奉献'的劳模精神，生动诠释了社会主义核心价值观，是我们的宝贵精神财富和强大精神力量。"①这 24 个字的劳模精神言简意赅，与社会主义核心价值观理念相通，成为劳模精神持续发挥作用的重要动力和依托，为我们科学理解和大力弘扬劳模精神提供了正确方向和切实指导。

（一）爱岗敬业、争创一流

"爱岗敬业、争创一流"是劳模精神的本质特征。人类社会的不断进步正是在"爱岗敬业、争创一流"的劳动精神中不断演进的。"爱岗敬业"是中华民族精神的重要组成，是劳模精神的根基。从神农尝百草到大禹治水、周公吐哺，在中华文化中，"爱岗敬业"的事迹体现了中华人民从古至今对劳动的热爱与坚持，对工作岗位的坚守与忠诚。"争创一流"指当代劳模以最高标准要求自我，实现社会价值的精神，是劳模精神的精髓，其核心是敢为人先、追求一流。

（二）艰苦奋斗、勇于创新

"艰苦奋斗、勇于创新"是劳模精神的品质体现。"艰苦奋斗"源于劳动者的坚守，硬骨头精神、老西藏精神等是其形象表征，是中华民族的优良美德与精神本色。劳模之所以能够成为劳模，最根本的是依靠艰苦奋斗创造不平凡的业绩。习近平总书记强调，社会主义是干出来的，新时代也是干出来的。我们党争取民族解放和独立的斗争史，就是一部艰苦奋斗的创业史。实现中华民族伟大复兴的中国梦，从根本上也要靠劳动者的艰苦奋斗才能实现。"勇于创新"是劳模精神的灵魂，以"两弹一星"精神、载人航天精神、新时代北斗精神等为代表，即劳动者通过不断创新，实现突破性发展。劳模是辛勤

① 习近平在庆祝"五一"国际劳动节暨表彰全国劳动模范和先进工作者大会上的讲话[EB/OL].（2015-04-28）https://www.gov.cn/xinwen/2015-04/28/content_2854574.htm.

的劳动者，是历史的创造者，更是创新的实践者。伴随着现代产业的发展，勇于创新是新时代劳模最为突出的表征，大批创新型劳模的涌现推动了“中国制造”向“中国创造”的转型，推动了我国技术创新和产业进步，他们是社会主义现代化建设的创新主力和排头兵。我们要把握时代发展的脉搏，积极学习劳动模范勇于创新、与时俱进的开拓进取精神，充分调动自身的创新潜能和创造活力，不断钻研科学技术，全面提升勇于创新的本领，为中国特色社会主义现代化发展建设做出突出贡献。

（三）淡泊名利、甘于奉献

“淡泊名利、甘于奉献”是劳模精神的价值追求，是一种功成不必在我、功成必定有我的精神，体现着谦和豁达、无私奉献的精神。“淡泊名利”源于劳动者的不争，是一种兢兢业业、任劳任怨的工作态度，是中国传统名利观的集中体现，是劳模精神价值引领之所在。“甘于奉献”源于劳动者的大爱，是中华民族精神的重要表现，是涵养社会主义核心价值观的重要源泉，是劳模精神的底色。一个国家、一个民族的生存和发展，需要千千万万个脚踏实地的行动者和默默耕耘的奉献者砥砺前行，发扬与践行“淡泊名利、甘于奉献”的劳模精神。

拓展阅读

新中国第一代劳模黄宝妹：一辈子为民纺纱

黄宝妹至今记得自己人生的三个重要时刻：第一个是 1952 年 11 月，由于工作勤奋、业绩突出，21 岁的她成为一名光荣的共产党员。第二个是 1956 年 2 月，她在上海见到了毛主席。“主席和我说，纺织厂好，全国人民穿衣服，要靠你们了。”从此，不做演员、不当干部，“为民纺纱”成了她一生的事业。第三个是 2019 年 11 月。习近平总书记考察杨浦滨江，鼓励她多向年轻人讲一讲，坚定他们对中国特色社会主义的道路自信、理论自信、制度自信、文化自信。

从 13 岁在日资纱厂当童工，到先后七次被评为上海市、纺织工业部和全国劳动模范，再到如今在哔哩哔哩当主播、为年轻人讲党课，耄耋之年荣获“七一勋章”的黄宝妹，是中国共产党领导下的新中国发展的“见证者、参与者、奉献者”。

为民纺纱要拼命干。1931 年，黄宝妹出生于上海，父母殷殷期待，为她取名“宝妹”。1944 年，13 岁的她进入日资裕丰纱厂当童工。“那时候，每天工作 12 小时，终日不见阳光，腰酸腿疼不说，手指也常被纱勒出血。纱线断了不接，还要被‘拿摩温’（工头）殴打。晚上要被抄身之后才能回家。”黄宝妹说。1949 年 5 月 27 日，上海解放。“神兵天降，马路上到处是解放军。”黄宝妹回忆道。在上海国棉十七厂，她迎来了重生。“当时我想，既然共产党是为人民服务的，纺纱也是为人民服务，所以我就拼命干、拼命干。”

那时物资匮乏，上海纺织业又占据全国半壁江山，纺织厂算算账，“浪费一两皮辊花，等于三碗白米饭”。黄宝妹作为一名挡车女工，想方设法要减少纺纱过程中皮辊花的浪费。她探索出“单线巡回、双面照顾、不走回头路”的操作法，在全厂推广，不仅能节省三分之一人力，还可以让机器实现24小时不停运转。推广后，工厂实行了8小时工作制。当时，在上海国棉十七厂所有女工里，就数黄宝妹的皮辊花出得最少、浪费最少，她纺的23支纱只有0.3%的皮辊花。因为工作表现突出，1953年，黄宝妹从上海数十万名纺纱工人里脱颖而出，成为中国纺织工业部劳动模范。1956年与1959年，她又两次被评为全国劳动模范。“1956年，我在上海见到了毛主席。毛主席问我是做什么工作的。我说，我在纺织厂。毛主席说，纺织厂好，全国人民穿衣服，要靠你们了。”联想起自己坐火车去北京参加会议的路上，看到农民们只能赤膊在田里种庄稼的情形，黄宝妹将这句话做成了毕生的坚守：为民纺纱。

1958年，由谢晋导演48分钟的黑白电影《黄宝妹》拍摄完成，在放映后引起全国轰动。包括20多岁的黄宝妹在内，上海国棉十七厂脱产拍戏的10余人，在电影中都是“自己演自己”。电影讲述了没有“波澜起伏”的坚持坚守：和别的女工“对调”机器，黄宝妹纺的纱质量依旧上乘；在竞赛中，她带领团队4个半小时内消灭了结头上的“白点”，减少浪费；一场“对调”机器的戏份，引发了一场“到底是人掌握机器，还是机器掌握人”的大讨论——黄宝妹认为，人应该掌握机器，而不能由机器掌握人。

1959年，《黄宝妹》和《林则徐》《五朵金花》等影片送往北京，作为国庆10周年的献礼。多位领导都说，《黄宝妹》这部电影拍得很成功、评价很高，建议黄宝妹当专业演员。黄宝妹心里清楚，她不是专业演员，导演对她要求不高。“要是做专业演员，要求就不一样了，连跑龙套都轮不到。”26岁那年，组织曾任命黄宝妹当干部。几天下来，她“浑身不舒服”，郑重提出回车间。黄宝妹一直相信“专业精神”，“我的岗位，永远在车间里”。1986年底1987年初，在车间工作了40多年后，55岁的她从这里退休。20世纪80年代，黄宝妹还曾被“借调”到江苏启东协助开办聚南棉纺厂。那时棉纺原料和机器设备异常紧俏，黄宝妹上北京、去青岛，没日没夜为企业奔走。当她三年后离开时，这个乡办小厂已经非常红火了。退休后，她继续发光发热，参与多地多个棉纺厂建设，“免费”去帮忙。

在杨浦滨江生活了一辈子的黄宝妹，亲眼见证了上海翻天覆地的变化，见证了杨浦滨江从“工业锈带”变身“生活秀带”。从“黄姑娘”“黄妈妈”变成一头银发的“黄奶奶”，她又找到了发光发热的新路子——给后生晚辈讲党史。作为上海百老德育讲师团和杨浦区“金色夕阳”老干部正能量工作室的一员，她时常到学校、公司等给大家讲党课。2020年10月，她的党课在哔哩哔哩直播，“要接好前辈的接力棒”“为黄奶奶的为民情怀点赞”——年轻网友们在直播时发弹幕说道。

2019年11月2日，习近平总书记到上海考察。在杨浦滨江公共空间的“人人屋”党群服务站，黄宝妹向总书记讲述了她的生活，感悟自己目睹的新中国的发展和繁荣。“总书记嘱咐我，今后要跟年轻人多讲讲。”黄宝妹说，共产党员退而不休，她就是要发动年轻人一起来建设国家。“听课的人说我讲得好，说老奶奶要多讲讲。现在我就是这样，只要精力允许，就一定会多讲讲。”听过黄宝妹讲座的不少人说：“黄奶奶的人生故事和道德风采，就是一本鲜活的书。在她身上,爱国主义不再是抽象空洞的,而是可触摸、可感悟的。”

获得“七一勋章”以后,黄宝妹感到自己身上的责任更重了。“‘七一勋章’挂在胸前很沉,它代表着一种精神力量,代表着党员肩负的使命。”黄宝妹说,“我就是一名普通的工人,从没想过党和国家会给我这么高的荣誉。我现在身体还可以,要继续扎根上海基层社区,做到生命不息、奋斗不止。”

(改编自 http://stdaily.com/zhuanti/jdywq/2021-07/26/content_1208831.shtml)

二、劳模精神的时代价值

2020 年 11 月 24 日,习近平总书记在全国劳动模范和先进工作者表彰大会上提出:“劳动模范是民族的精英、人民的楷模,是共和国的功臣。我国是人民当家作主的社会主义国家,党和国家始终坚持全心全意依靠工人阶级的方针,始终高度重视工人阶级和广大劳动群众在党和国家事业发展中的重要地位,始终高度重视发挥劳动模范和先进工作者的重要作用。”①立足于中华民族五千年文明,劳模是“民族的精英”;立足于中国近现代史,劳模是“人民的楷模”;立足于中国共产党的百年历程,劳模是“共和国的功臣”。在他们身上,集中体现了劳动光荣、知识崇高、人才宝贵、创造伟大的时代精神。

(一) 劳模精神是劳动精神的积极呈现

劳模精神在继承中华民族优秀传统的基础上,彰显着辛勤劳动、诚实劳动、创造性劳动的时代新理念,引导人们认识并养成劳动者至上、劳动者平等、劳动者可敬和“劳动最光荣、劳动最崇高、劳动最伟大、劳动最美丽”的劳动观。劳模们不仅有忘我的劳动热情、积极进取的精神状态,也饱含着无私奉献、淡泊名利的高贵品质。他们身上闪耀着的优秀品质正是劳动精神的积极呈现。

(二) 劳模精神是主人翁意识的诠释

劳模们通常以车间为家、以工厂为家、以企业为家,在本职工作中充分发挥积极性、主动性和创造性,他们自觉把人生理想、家庭幸福融入国家富强、民族复兴的伟业之中,充分诠释了艰苦奋斗、淡泊名利、甘于奉献的主人翁意识,建构起个人与集体、个人梦与中国梦、小家与国家融合统一的发展共同体和命运共同体。

(三) 劳模精神是工匠精神的升华

当前,我国各行各业涌现出来的劳动模范所展示的劳模精神,其行为实质和精神特质是工匠精神的升华,既体现了劳动者的勤劳创造之美,展现了劳动者的追求卓越之美,也凸显了劳动者的爱岗敬业之美。恪尽职守的精神是劳模精神的基础,求精创新的精神是劳模精神的源泉,敬业奉献的精神是劳模精神的内核。

① 习近平:在全国劳动模范和先进工作者表彰大会上的讲话[EB/OL].(2020-11-24)http://www.gov.cn/xinwen/2020-11/24/content_5563928.htm.

（四）劳模精神促进劳动者素质的提升

劳动者素质对一个国家和民族的发展至关重要。劳模在工作岗位上的示范、引领、带动作用是巨大的，劳模精神的影响是深远的。全社会劳动者，尤其是广大青年大学生，要以学习和传承劳模精神为荣，到祖国最需要的地方绽放青春之花，不断提升个人的劳动素质，到祖国建设的各个岗位上发光发热。

（五）劳模精神与社会主义核心价值观内在相通

一代又一代劳模用实际行动生动诠释了社会主义核心价值观：作为个体，他们以“爱国、敬业、诚信、友善”为行为准则，是践行社会主义核心价值观的典范；作为公民，他们以“自由、平等、公正、法治”为社会价值取向，是价值引领的表率；作为模范，他们以“富强、民主、文明、和谐”为奋斗目标，将“小我”融入国家发展的潮流中，是价值实现的楷模。

（六）劳模精神为劳动教育提供有力支撑

中共中央、国务院于 2020 年 3 月 20 日印发《关于全面加强新时代大中小学劳动教育的意见》，就全面贯彻党的教育方针，加强大中小学劳动教育进行了系统安排和全面部署，要求多举措加强人才队伍建设，设立劳模工作室、技能大师工作室、荣誉教师岗位等，聘请相关行业专业人士担任劳动实践指导教师。这些要求的提出，为促进学生形成正确的劳动观念，进而形成正确的世界观、人生观和价值观发挥了有力的支撑作用。

拓展阅读

全国劳模梁兵：为坦克打磨“火眼金睛”

早上6点，河南焦作，晨光熹微中，梁兵起床，做好饭，送女儿上学，然后快步走路去上班，体格精瘦的他走路带风。

梁兵今年45岁，是河南平原光电有限公司高级技师。

8点不到，梁兵换上工作服，扎进生产现场。他一边走一边检查，检查夜班工作有无遗留问题，“我们被称作‘为坦克制造眼睛’的人，因为我们加工的产品直接影响到坦克的射击精度，加工的零件精度都是微米级，0.008毫米也很常见。”

20分钟的巡检过后，梁兵走回工作室，打开电脑中的编程软件忙碌起来。上午10点半，一场小规模的校企座谈在梁兵技能大师（劳模）创新工作室召开。“希望在学生培养上能给我们更多支持。”河南工业职业技术学院工会主席屈保中带队从南阳赶来，语气诚恳。

“没问题，以后你们的人才多往这儿送吧。”梁兵笑着说，技能人才的春天已经到来。

座谈会后，梁兵带记者参观他的工作室，指着他的一张领奖的照片说：“那是我第一次进人民大会堂，拍照时特意把眼镜摘了，显得精神些。”

2004年，梁兵获得全国首届数控技能大赛职工组第一名时，只有29岁。几天前，他成为隶属于中国兵器工业集团的平原光电建厂56年来第一位全国劳模。

吃过午饭，记者和梁兵边走边聊。“小时候，母亲会带些厂里不用的装铣刀的小纸盒给我当玩具。”他说，母亲退休前也是平原光电的铣工，他自小就对机械的质感、设备的声音、机油的味道感到亲切。

从平光小学到平光技校，再到1993年入职平原光电，梁兵从一名普通技校生成长为中国兵器工业集团“首席技师”和国家级技能大师。

“经过多年实践，我能通过按压来感知零件的平面度，通过听力判断切削参数是否合适，根据机床振动确认程序编制是否合适。”一次，梁兵尝试将冰冻技术应用在装夹领域，在一个关键薄壁零部件上解决了平面度0.006毫米精度的加工难题。

紧张的工作之余，他喜欢爬山，“周末带家人去打太极，换换脑子”。以前喜欢打太极，由于太忙，只得放弃。

下午2点，“全国青年岗位能手”魏金龙来找梁兵请教。“他是我们的榜样和指路明灯。”魏金龙说，自己刚从技校毕业时，很迷茫，了解梁兵的事迹后，坚定了选择。“他常带我们去北京参加国际机床展，长了很多见识。”2014年被选入梁兵工作室的张建军说。

作为工作室的带头人，梁兵负责解决生产一线的疑难杂症，总结推广绝招绝技，培养优秀人才；作为全国人大代表，他常去一线倾听职工心声，为产业工人队伍建设建言献策；作为河南工业职业技术学院的客座讲师，他鼓励学生学习工匠精神，为中国制造崛起而努力。

（改编自 http://www.81.cn/rw_208598/9945339.html）

三、如何践行劳模精神

榜样的力量是无穷的，劳模身上充满创造、创新、创业激情，他们以炽热的爱国情怀、精湛的专业技能在各自岗位上建功立业，激励无数青年学子通过劳动创造更加美好的生活。

（一）在学习中践行劳模精神

大学生应在勤学、修德、明辨、笃实上下足功夫，牢固树立“劳动最光荣、劳动最崇高、劳动最伟大、劳动最美丽”的观念，坚定中国特色社会主义共同理想。在学习中践行劳模精神，就是要刻苦钻研、不畏艰苦，孜孜不倦地学习科学文化知识，勇于探索和创造，不断提高政治理论和科学文化水平，不断完善自己的人格。

学习是通往成功的阶梯。只有通过努力学习，才能练就过硬本领。大学生要多读书、勤实践，努力完善知识结构，提升劳动技能，掌握真才实学，练就过硬本领。一年内连续三次创造了全国黑色冶金矿山掘进新纪录的劳模马万水常说：“加快矿山建设，光靠拼体力是不行的，必须把苦干、实干与巧干结合起来。”唯有学以致用，方能经世济民；唯有学行修明，才可受命于危难之间。

大学生应时刻牢记：不一定每个人都能成为劳模，但人人都能学习和践行劳模精神。弘扬劳模精神，尊重劳动创造，不是一句口号，而应体现在每一天的学习生活中，落实到每一项行动中。

（二）在实践中践行劳模精神

劳模精神体现在实践中，就是要在平凡的岗位上践行劳动理念，在本职工作中培育劳动素养，自力更生、奋发图强、不怕困难、不畏艰险，全力完成各项任务。

要在实践中践行劳模精神，大学生还要学习劳动模范的工作态度、工作作风、工作方式，推动劳模精神的贯彻落实、创新发展。

“三人行，必有我师焉。”“不懂就问”是中华民族的优秀传统。被誉为电力检修一线的“设备医生”“工人发明家”的全国劳动模范何满棠，谈到工作心得只有一句话：“多做、多问、多想，自然功多艺熟！”青年大学生阅历尚浅，更应该做到善于发问、乐于请教，要有“不耻下问”的勇气，向比自己学历低、职位低的人请教学习。

思考训练

（1）大学生应如何弘扬劳模精神？

（2）大学生应如何培养工匠精神？

（3）如何将社会主义核心价值观融入劳动教育中？

主题实践

大国工匠，时代楷模

中国从“制造大国”走向“制造强国”，不仅需要大批科学技术专家，也需要千千万万能工巧匠。一个时代有一个时代的精神气质。党的二十大报告指出，加快建设国家战略人才力量，努力培养造就更多大师、战略科学家、一流科技领军人才和创新团队、青年科技人才、卓越工程师、大国工匠、高技能人才。

主题演讲：工匠精神在我心

1. 活动主题

物质文明与精神文明是推动社会文明进步的“两个轮子”，是实现中华民族伟大复兴的“一双翅膀”，两者缺一而不可。事实上，是否崇尚“工匠精神”反映了一个社会的物质文明、精神文明的进步程度。从精神文明来看，“工匠精神”本质上是同社会主义核心价值观特别是同其中的“敬业”“诚信”要求高度契合的。从物质文明来看，“工匠精神”在物质文明的创造过程中可以发挥强大的精神动力及智力支持作用。

当前，工匠精神已经成为国家意志和全民共识，推动大众创业、万众创新，实施“中国制造 2025”，实现中华民族伟大复兴的中国梦，都离不开工匠精神。

本活动的主题，就是为了让大家行动起来，通过写作和演讲的方式，深入体会工匠精神的内涵，了解工匠精神对国家和社会的重要意义，向他们学习，做“大国工匠”的接班人。

2. 活动具体目标

1）知识目标

通过“工匠精神在我心”主题演讲比赛，弘扬工匠精神，营造大学生积极学习工匠精神的氛围，强化学生学好技能的意识；培养学生撰写文章和演讲的能力，帮助学生更好更快地认识和了解工匠精神，领悟其内涵，并将其转化为自己的精神财富。

2）能力目标

通过演讲比赛，使学生掌握撰写文章和演讲的能力，学会表达自己并感染他人；在实践活动中，了解工匠精神的内涵，弘扬工匠精神的传统内核与时代精神，鼓舞学生更好地锻炼劳动技能，培养实践能力，提高建设社会主义事业的综合素质。

3）态度目标

在准备和开展演讲比赛的过程中，使学生深入了解“大国工匠”与“工匠精神”对于个人发展的重要意义，形成正确的劳动价值观；通过本次活动，使学生学会向榜样学习，借鉴、传承工匠精神，恪守职业道德，爱岗敬业，成为新时代建设和发展需要的高素质人才。

3. 活动地点

教室。

4. 活动人员

教师及全班学生。

5. 活动实施

(1) 组织观看《大国工匠》《我在故宫修文物》《我们在一起》等视频材料，了解匠人们的先进事迹，学习中华民族不畏困难、勤于劳动和善于创造的历史，领悟工匠精神、劳动精神等，以"工匠精神之我见"为主题撰写一篇演讲稿。

(2) 完成实践活动。选出组内最优秀的作品，代表全组参与班级组织的"工匠精神之我见"主题演讲比赛。

(3) 学生和老师共同推选出前三名。

6. 学习效果评价

完成主题实践活动之后，以小组会议的形式进行总结。具体方式可采取以小组为单位撰写主题学习自评总结，提交 PPT 演示文稿，并推选代表在总评会上讲解，小组之间进行相互点评，最后由教师进行总结评价。

1) 技能考核评价

技能考核评价表

班级		姓名	
学号		小组成员	
实践项目	主题演讲：工匠精神在我心		
实践流程			
结果分析			
自我评价	优秀□　合格□　不合格□		
教师评价	优秀□　合格□　不合格□ 教师签名：　年　月　日		

2）学习过程评价

学习过程评价表

序号	考核内容	配分	评分标准	自评	互评	师评
1	小组准备	10	小组分工明确，能够对学习任务内容及实施步骤进行精心准备			
2	知识运用	30	能够熟练、准确地运用所学知识完成主题实践任务			
3	成果展示与任务报告	20	成果展示内容充实、语言规范，主题实践活动报告结构完整、观点正确			
4	学习态度与课堂纪律	15	学习积极主动、态度认真，遵守教学秩序			
5	自主学习与动手能力	10	具有自学意识与较强的动手能力			
6	团队配合	15	团队意识、分工合作、问题解决、团队纪律			
7	总分统计	100				
8	综合评价					

模块三 劳动品质

教学目标

◎ 知识目标

（1）了解吃苦耐劳、诚实守信、团结协作的内涵。

（2）理解吃苦耐劳、诚实守信、团结协作的价值意义。

◎ 能力目标

（1）在学习、生活和工作中能正确面对苦差事、科学处理苦差事。

（2）明确划分诚信和失信之间的界限，对是非曲直做出正确判断。

（3）积极参加集体劳动，提升沟通和协作能力。

◎ 素质目标

（1）克服浮躁的心理，磨砺坚韧不拔的意志，培养吃苦耐劳的劳动品质。

（2）端正诚实守信的劳动态度，树立诚实守信的劳动信念，培养诚实守信的劳动品质。

（3）增强团队合作的意识，弘扬奉献精神，培养团结协作的劳动品质。

案例导读

“青藏铁路人”的不朽丰碑

最早从宏观上提出修建青藏铁路的是孙中山。在那个动荡不安的年代，这是一个不可能实现的命题。新中国成立后，按照规划，青藏铁路建设分为三步，第一步是修建兰青线，第二步是修建青藏铁路西格段，第三步是修建青藏铁路格拉段。1958 年 5 月，铁道部第六工程局动工修建兰青铁路。16 个月后，结束了青海没有铁路的历史。

1958 年 9 月，在兰青铁路开工建设的同时，上万名铁路建设者开始了青藏铁路第一期工程——西宁至格尔木段的建设。但由于青藏高原艰苦的自然环境和施工条件等因素制约，1961 年，青藏铁路建设被叫停。1973 年，毛主席会见尼泊尔国王比兰德拉时说："青藏铁路修不通，我睡不着觉。"此后，沉寂了 13 年的青藏铁路计划再次被提上日程。1974 年，铁道兵挥师高原修建青藏铁路，用风枪、铁锹、榔头打响了这场艰苦的大会战。

平均海拔约 3 600 米的关角隧道是西宁至格尔木段的重难点工程。在修建过程中，塌方灾害频发，给施工造成极大困难。在青海省天峻县烈士陵园内，长眠着 55 位英灵。他们之中，最小的 19 岁，最大的也才 23 岁，他们用生命谱写出青藏铁路建设史上独一无二、壮怀激烈的英雄篇章。

经过艰苦卓绝的奋战，青藏铁路西格段于 1984 年 5 月 1 日开通运营。通车初期，青藏铁路的运营者克服种种困难，用高度的使命感和顽强的作风，确保了铁路安全畅通。也正是在青藏铁路人的滋养灌溉下，"扎根高原的吃苦精神、立足本职的创业精神、协作有爱的团结精神、默默无闻的奉献精神"这些老青藏线精神被孕育而出并发扬光大，为后来青藏铁路精神的铸成奠定了坚实基础。

2001 年，青藏铁路第二期工程格尔木至拉萨段工程开工。青藏铁路格尔木至拉萨段全长 1 142 公里，是世界上海拔最高的高原铁路，13 万名建设者历时 5 年，破解了"多年冻土、高寒缺氧、生态脆弱"三大世界性工程技术难题，填补了国内多项技术空白。

时至今日，青藏铁路全线开通运营已 15 年。截至今年 6 月月底，中国铁路青藏集团有限公司累计运送货物 6.9 亿吨、旅客 2.67 亿人。

（改编自《"青藏铁路人"的不朽丰碑》，《中国青年报》，2021 年 11 月 30 日第 01 版）

所谓品质，一是指人的行为、作风所表现的思想、认识、品性等本质；二是指物品的质量。劳动品质则是指个体通过劳动生活与后天教育养成的与劳动相关的品质。《大中小学劳动教育指导纲要（试行）》中提出："能够自觉自愿、认真负责、安全规范、坚持不懈地参与劳动，形成诚实守信、吃苦耐劳的品质。"养成良好的劳动品质，对人的全面发展具有极其重要的意义和价值，青年大学生应努力涵养吃苦耐劳、诚实守信、团结协作的劳动品质。

第一节　吃苦耐劳，百折不回

一、吃苦耐劳的内涵

"吃苦耐劳"是我们耳熟能详的日常用语。在五千年的历史长河中，中华民族历经了无数的苦难与忧患，在这些大灾大难面前，英勇的中国人民不仅没有被吓倒，而且战胜了艰难与困苦，铸就了坚忍顽强、无坚不摧、吃苦耐劳的民族精神。作为一种优良品质，吃苦耐劳作为一种历史积淀为中华民族世代相传，并对中华民族在磨难中奋起发挥着巨大的作用。

苏轼在《晁错论》中说："古之立大事者，不惟有超世之才，亦必有坚忍不拔之志。"一个人如果想有一番作为，首先需要能吃苦，即把自己可以支配的时间、精力都用于对自身能力、素质的提升，在这个过程中，需要付出汗水，需要克服艰难险阻，需要牺牲休闲娱乐的时间；其次，在意志力层面，需要能耐劳，面对困难和挫折永不言弃，不达目的绝不罢休，坚持不懈，持之以恒。

随着时代的变迁，虽然吃苦耐劳的外在表现形式更加多样，吃苦耐劳精神的内涵也得到了丰富，但其内在的本质却是永恒不变的。

拓展阅读

这份苦差事我去

2018 年，22 岁的王锦以一个应届毕业生的身份加入新疆天业(集团)有限公司。进到班组后，因为爱学爱问爱记的习惯，他迅速成长，不久就掌握了所在工段的全部工艺流程。

每年到了冬天，由于厂区内蒸汽使用量加大，动力分厂负荷增加，为确保三台循环流化床锅炉能够平稳安全地运行，就需要在燃煤中掺入一定比例的炉渣，来提升每台炉子的返料量。每班都要派人去燃运公司监督掺渣。冬天气温低至零下 30 多摄氏度，尤其在夜班的时候，风刮在脸上跟刀子一样，这份工作成了大多数人望而生畏的苦差事。

王锦憨笑着对班长说："班长，这份苦差事我去！"

"很辛苦，小伙子，能克服下来吗？"

"能！"王锦语气镇定，眼神流露出远比年龄更加成熟的责任感和使命感。

"王锦总能十分精确地掌握煤渣比例，使锅炉用煤合格率保持在 100%，这与他手中那些笔记本儿和平时累积的知识是密不可分的，他成了我们分厂新员工们的榜样！"班长徐海东言语中满是对王锦的赞赏。

王锦不怕苦、不怕累，主动申请去做苦差事，并在艰苦的岗位上发光发热，成为他人的榜样。同为大学生的我们，也要做好吃苦的心理准备，服从国家的需要，到基层一线艰苦的岗位上工作。

（改编自 https://wenku.baidu.com/view/b709b4a72aea81c758f5f61fb7360b4c2e3f2aae.html）

二、吃苦耐劳的价值意义

（一）培养创新型人才需要吃苦耐劳

在“大众创新，万众创业”的时代背景下，科技创新对我国来说，不仅关乎发展，更关乎生存，而人才是科技发展的根本和科技创新的关键。改革开放以来，我国高校教育始终与国家和民族发展同呼吸、共命运，在探索中创新，在曲折中成长，践行“高端人才供给”和“科学技术创新”的双重使命，实现了由小到大、由弱变强的历史跨越，在培养模式、质量保障、制度改革等方面取得了显著成效，为社会进步提供了不竭的力量之源。然而，不可否认的是，有相当一部分大学生在劳动实践的过程中，自主判断能力弱，盲目崇拜权威，对真理缺少质疑和审视，习惯性地接受现成知识，缺乏独立思考的能力和创新性思维，很难对知识进行深层次的挖掘和自主探究。在特殊的时代背景下，培养吃苦耐劳精神能够促进大学生对劳动工具的改造和对劳动方式的思考，使大学生学会从事物的本质出发思考深层次问题，产生思维的碰撞，形成创新意识，提高创新能力，克服生搬硬套的思想，成为新时代社会结构中不可或缺的知识型、技能型、创新型人才，进而使他们把个人理想追求同国家、民族的命运结合起来，与时代脉搏同频共振，并以强健的体魄、坚强的意志、健康的身心、饱满的精神投入民族复兴的时代洪流中，向全世界展现出新时代中国蓬勃奋进的大国风采。

（二）传承中华民族勤俭美德需要吃苦耐劳

勤俭是中华民族的传统美德，也是一种新风尚。在全面建成小康社会以后，勤俭的美德更应该被高度重视和大力提倡，因为我国仍处于并将长期处于社会主义初级阶段的基本国情没有变，建设社会主义现代化强国还需要长期的、持续的努力奋斗。大学生阶段是人生的“拔苗孕穗期”，培养大学生热爱劳动、珍惜劳动成果的勤俭节约意识，提高大学生对中华民族勤俭美德的认同感，既是劳动教育的本质使命，也是吃苦耐劳精神培育工作的重要要求。在社会主义市场经济背景下成长起来的大学生，与前辈有着明显的不同。不会劳动、不愿意吃苦的现象越发普遍，部分大学生甚至出现了厌恶劳动、不尊重劳动成果的心理和行为。在他们观念中，人活着就是为了吃喝玩乐，追求物质享受。在许多情况下，不劳而获思想是违法犯罪的温床。因此，只有培养吃苦耐劳精神，才能让大学生在参与劳动的过程中体验劳动的幸福感、光荣感、崇高感，学会尊重普通劳动者和珍惜劳动成果。特别是在百年未有之大变局下，有些国家采用各种科技手段对我国进行打压，使我国面临着“卡脖子”的难题。而对于一个拥有14亿人口的大国来说，珍惜劳动成果和尊重劳动人民不仅是关乎经济发展的问题，更是关乎国家安全的问题，具有政治价值。从某种意义上说，勤俭美德不仅是我们自古以来的优良作风，也是我们再创辉煌的重要保证，可以说勤俭美德功在自己，利在他人；功在个人，利在社会；功在当下，利在千秋。

（三）大学生全面发展需要吃苦耐劳

马克思认为人的全面发展是指人的脑力、体力、能力在生产实践中充分、自由、全面、协调地发展，实现人的全面发展即使“每个人”都成为“各方面都有能力的人”，以适应不同生产劳动和社会发展的需要。培养吃苦耐劳精神是促进大学生全面发展的必要途径。首先，培养吃苦耐劳精神，有利于塑造大学生的美好品德。立德树人是我国教育的根本任务，而以劳树德则是立德树人的重要途径。通过吃苦耐劳塑造修为，可以让大学生知道什么可为、什么不可为，懂得劳动的真与假、善与恶、美与丑，成为胸怀大爱、心系大德的人。其次，培育吃苦耐劳精神有利于提高大学生的智力。随着知识经济时代的到来，创新思维的培养显得尤为重要，培育大学生的吃苦耐劳精神可以更好地帮助大学生进一步追求真理、体悟道理、明辨事理，在劳动的过程中不断增长见识、增进学识，实现以劳创新，以劳增智。再次，培养吃苦耐劳精神有利于增强大学生的身体素质。健康的身体是人们学习、工作和生活的保障。参与劳动实践能促进大学生身体各机能得到发展，形成独立生活的能力和自立自强的优秀品格，养成我能做、我愿做的自信心、自强心。最后，培养吃苦耐劳精神有利于大学生发现美、欣赏美、创造美，让他们在参与劳动实践的过程中感受到劳动的过程之美、结果之美，并以此进一步提升审美能力和人文素养，真实地体验劳动所带来的尊严感、幸福感和价值感。

三、培育吃苦耐劳的劳动品质

自古以来，中国人民经受住了各种艰难困苦，在苦难中锤炼自身。进入新时代，习近平总书记号召我们要撸起袖子加油干，艰苦奋斗，不负韶华。历史和现实都告诉我们，要实现梦想，就必须努力奋斗，新时代的大学生必须具备吃苦耐劳的品质，在奋斗中释放青春激情，成就出彩人生，以青春之我、奋斗之我，为祖国建设添砖加瓦，为实现中华民族伟大复兴注入青春能量。

（一）强化劳动认同

劳动是每一位有劳动能力的人的光荣职责。但是当前有些大学生受到一些不科学、不健康、不正确的言论误导，陷入一种误解劳动、忽视劳动甚至鄙视劳动的误区之中。另一方面，青年普遍存在奋斗动力不足的情况，这些都会影响大学生养成吃苦耐劳的精神。目前在大学生中存在跟风消费、盲目攀比、急功近利、缺乏吃苦耐劳的实干精神等现象。新时代的大学生肩负着实现国家富强、民族复兴、人民幸福的时代重任，是国家的未来与民族的希望，要继续发扬艰苦奋斗、自力更生的优良传统，树立正确观念，热爱劳动，强化劳动认同，用实干诠释新时代大学生的责任与担当。

拓展阅读

谈谈如何看待“网红”蹭热度炒作

2021 年 8 月 5 日，东京奥运会跳水赛场再次同时升起两面五星红旗，中国选手全红婵、陈芋汐以绝对优势包揽女子十米台冠、亚军。作为中国体育代表团年龄最小的运动员，年仅 14 岁的全红婵在决赛第二跳、第四跳和第五跳均获得满分，最终以 466.20 分的总成绩拿到女子十米台历史最高分。在全红婵获得奥运金牌后，很多“网红”主播到她的家乡广东湛江麻章镇迈合村拍照、直播，入夜以后村里车辆依然络绎不绝，不少主播冒雨在全红婵家外直播，甚至暴露其家庭住址，严重影响到家人的正常生活。针对此类违规行为，某直播平台安全中心下架违规视频 3 287 条，处罚违规直播间 106 个，处罚违规账号 92 个，其中永久封禁违规账号 32 个。

（改编自 https://www.workercn.cn/c/2021-08-10/6696972.shtml）

（二）重视劳动体验

我国著名教育家陶行知先生指出：“德育只有通过生活才能发出力量而成为真正的教育。”[①]列宁强调：“训练、培养和教育要是只限于学校以内，而与沸腾的实际生活脱离，那我们是不会信赖的。”[②]对于劳动教育来说更是如此，劳动教育不仅要有课堂上的理论

---

① 陶行知. 陶行知全集：第 3 卷[M]. 成都：四川教育出版社，1991：47.

② 中共中央马克思恩格斯列宁斯大林著作编译局. 列宁选集：第 4 卷[M]. 北京：人民出版社，1995：292.

教学，更需要学生在日常生活中去亲自尝试，增强日常生活中的劳动技能。学生应在日常的劳动中养成吃苦耐劳品质，离开真实生活中的劳动谈吃苦耐劳就失去了基础，变成了纸上谈兵。因此，培养吃苦耐劳品质必须打通知识世界和生活世界之间的界限，植根于真实生活世界，在切身的劳动中感受劳动带来的喜悦和收获，全面、充分了解劳动世界，在劳动过程中加深体验。只有通过劳动培养出的吃苦耐劳品质才具有强大的生命力。

苏霍姆林斯基认为："对于儿童来说，只有在他对父母的劳动和社会的劳动有了惊异、崇敬的感情之后，才会产生我也应当做些什么的愿望。"[①]所以，大学生首先要了解、尊重父母的劳动，并且积极参与力所能及的劳动，学会自我管理、自我劳动、自我服务，培养独立生活的能力。其次，要积极主动参与学校与社会组织的各种公益性活动，例如寝室值日活动、去敬老院或福利院进行公益劳动、参加志愿服务等，在社会公益活动中感受服务他人、奉献社会带来的成长与收获。最后，要参与和学科相关的专业实践活动，例如专业的实习实训、假期社会实践等，在劳动中将所学专业与实际生活相结合，加强对专业知识的理解，并逐步转化为自身的专业技能。

（三）正确对待"苦差事"

《大中小学劳动教育指导纲要（试行）》中提出："让学生动手实践、出力流汗，接受锻炼、磨炼意志。"意志是意识的能动作用，是自我意识中非常重要的组成部分，个体能否做成一件事情，取决于个体是否愿意付出时间、精力、克服困难、追求目标。法国生物学家巴斯德有一段名言："立志、工作、成功，是人类活动的三大要素。立志是事业的大门，工作是登堂入室的旅程。这旅程的尽头就有个成功在等待着。"可见，意志在人的成才、

① [苏]B. A·苏霍姆林斯基. 育人三部曲[M]. 唐其慈，等，译. 北京：人民教育出版社，1998：158.

成事中具有极为重要的作用。劳动是磨炼意志非常重要、有效的途径，一直劳动的人往往都有很坚强的意志，一方面是因为劳动过程本身是艰苦的，艰苦的劳动过程能够锻炼个体的意志；另一方面，劳动本身是以获得成果为目标的活动，当人们通过自己的努力获得一个个成就的时候，这些劳动成果本身就会带来强烈的成就感、获得感，从而能够提升个体的意志水平。孟子曰："故天将降大任于斯人也，必先苦其心志，劳其筋骨，饿其体肤，空乏其身，行拂乱其所为，所以动心忍性，曾益其所不能。"因此，面对学习、工作中的"苦差事"，我们要成为思想上的先行者，将一份份"苦差事"看作自己前进道路上的基石，在辛勤的劳动中磨炼自己的意志，坚强的意志力又是今后攀登高峰的重要保障。

拓展阅读

用"文墨精度"诠释工匠精神——方文墨

方文墨被誉为钳工界的奇才，歼-15战机(代号飞鲨)的标准件中，有近70%都是方文墨所在的沈阳飞机工业(集团)有限公司生产的，歼-15战机中不少核心零件就是方文墨和他的团队亲手打磨的。时光似乎特别眷顾这个"80后"钳工，25岁就拿到了钳工的最高职业资格，26岁参加全国青年职业技能大赛夺得钳工冠军，29岁成为中航工业最年轻的首席技能专家。教科书上认为人的手工锉削精度极限是千分之十毫米，而方文墨加工的精度达到了千分之三毫米，相当于头发丝的二十五分之一，这是数控机床都很难达到的精度。因此，中航工业将这一精度命名为——"文墨精度"。方文墨刚刚进入钳工行业的时候，很多老师傅都认为，以方文墨的身材很难成为出色的钳工，因他身高1.88米，体重200斤，他的身高比一米的工作台高了将近一倍，从先天的身体条件来看，方文墨并不适合做钳工。方文墨工作后，将家中的阳台改造成练功房，每天下班回家，他就钻进阳台，苦练技术。每天连续四五个小时的训练，锉刀持续发出的刺耳声音，甚至让他出现生理性呕吐。正常情况下，钳工一年要换10多把锉刀，方文墨一年却换了200多把，有几次居然生生把锉刀给练断了。长年累月的苦练，"80后"方文墨背已经有些驼了。方文墨就是凭着他的勤奋、努力、刻苦，创造了"文墨精度"，用"文墨精度"诠释工匠精神。

方文墨的理想是"立言立行，做中国最好的钳工；航空报国，造世界最先进的歼击机"，工作中方文墨肯吃苦、耐得住寂寞、刻苦练习、磨炼意志、钻研技能，用技能的精度改变人生高度。

(改编自 http://www.sasac.gov.cn/n4470048/n16518962/n19136906/n19136934/c19263590/content.html)

第二节　诚实守信,以德立身

一、诚实守信的内涵

诚实守信是中华民族自古以来所推崇的美德,也是立身、立业、立国的根本,正所谓"国以诚立心,人以诚立身"。《伦理学大辞典》将其界定为:"诚信即'诚实守信'。处理人际关系的一条基本的伦理原则和道德规范,也是行为主体所应当具有的基本德性和品行。"①随着时代的发展,劳动的内涵和外延也发生了深刻的变化,但是新时代的大学生仍需遵守诚实守信的准则,培养诚信精神、提升诚信自律、注重诚信践行,成为崇尚劳动、辛勤劳动、诚实劳动、尊重劳动者的践行者。

拓展阅读

用诚信和专业赢得口碑

全国劳动模范拜丽是中国邮政储蓄银行乌鲁木齐市分行沙依巴克区支行理财经理。工作11年,拜丽依然记得收到的第一面锦旗。那是2009年的一个下午,刚入职不久的拜丽像往常一样,耐心地教会了一位客户使用自助设备。没想到几天后,这位客户竟专程送来一面锦旗。这时拜丽才得知,原来客户当日急需用钱,不会使用自助设备的她走了很多地方都未能取到现金,最后走进沙依巴克区支行得到了拜丽的热情接待和帮助。举手之劳的一件小事,却得到了客户的褒奖,这是拜丽没有想到的。

2010年,拜丽从银行柜员调整到理财经理岗位,帮助客户实现资产合理配置。拜丽说,一名优秀的理财经理不仅需要全面、专业的知识,更需要善良与真诚相待的服务热忱。

拜丽主动跟每一位客户联系,跑市场、见客户,一边不断学习专业知识,一边不断深入了解客户,掌握客户的风险偏好,为客户推荐更适合的理财产品。

市民王平是沙依巴克区支行的老客户。他说,拜丽热情善良,专业细心,把客户的事当成自己的事去操心、去办理。

"拜丽不会为了业绩向我们介绍产品,她会根据我的资金情况、我的想法做出更适合我的理财建议。"王平说,这一点让他心里特别舒坦。

新冠肺炎疫情发生后,拜丽两次参加志愿者服务活动,主动协助邮政快递负责所居住小区内的投递工作,并在送快递的同时向居民宣传疫情防控知识。

做人的信条千万条,拜丽做人就一条:做一个诚信专业的金融人!做事就是先做

① 朱贻婷.伦理学大辞典[M].上海:上海辞书出版社,2011:249.

人，做人成功了，做事不成功是暂时的；做人不成功，做事成功也是暂时的。

（改编自 http://special.xinjiangnet.com.cn/210421/）

二、诚实守信的作用和意义

（一）个人层面

“我们要在全社会大力弘扬劳动精神，提倡通过诚实劳动来实现人生的梦想、改变自己的命运，反对一切不劳而获、投机取巧、贪图享乐的思想。”2016 年 4 月 26 日，习近平总书记在知识分子、劳动模范、青年代表座谈会上的这句讲话深刻诠释了诚实劳动对一个人的重要性。一个人梦想的实现和命运的改变，都源于诚实守信的劳动品质，都源于脚踏实地、认认真真的辛勤劳动和诚实劳动。诚实守信是立身之本。诚信是赢得信任、获得友谊、创造财富、融入社会、走向未来的通行证。孔子说“言必信，行必果”，这里的“信”即诚信，表明了人要守信用，在社会中才有立足之地。诚实守信是人与人之间建立纯真的友谊以及和谐关系的基础。相反，孔子道“人而无信，不知其可也”，一个人没有诚信，就会失去立足之本，失去发展的空间，失去坚强有力的支持。

（二）社会层面

诚实守信是维持社会正常秩序的基本保证，是构建社会主义和谐社会的助推器。首先，诚实守信是社会和谐的基础。诚实守信是和谐劳动关系的基石，每个劳动者都应将其对社会的义务和责任落实到诚信劳动的行动之中。其次，诚实守信是企业立足之本，诚信兴企，失信毁企，诚实守信能提高企业的生命力和竞争力。任何企业要想取信于客户，立足于社会，必须坚持诚信高于一切的原则。

（三）国家层面

诚实守信是立国之本。诚信是赢得尊严、树立礼仪之邦风范、立国强国之根本。中国自古就有“民惟邦本，本固邦宁”“得民心者得天下，失民心者失天下”等明训。如果一个国家诚信从政，为政清廉，取信于民，则政通人和。反之，如果一个国家弄虚作假，言而无信，这个国家将无定时，人民将无宁日。中国古代有商鞅立木建信的佳话美谈，也有因不讲信誉、烽火戏诸侯而自食其果的周幽王。

如果再将眼光放得开阔一些，诚实守信是国际交往的基石。无论在人际关系还是国际关系中，信用都是一张通行证，以此走入他人内心或走向广阔的世界。一个在国际交往合作中坚持以诚待人、以信为本的国家，才能赢得国际社会由衷的尊重，才能扎实深入开展国际合作。

在实现中华民族伟大复兴的关键时期，诚实劳动被赋予了新的内容——创新，创新为诚实劳动注入了新的血液。因此，诚实劳动的概念不再仅仅是忘我劳动、恪守职责、热爱工作岗位，更要不断瞄准创新目标，融入创新理念，体现创新内涵，以保持诚实劳动的活力。

三、培育诚实守信的劳动品质

培养诚实守信的劳动品质，提高劳动素养，努力劳动，是当代大学生通向美好生活的一条坦荡大道。

（一）培养诚信精神

诚信精神是中华民族传承至今的优良传统。以孔子为代表的儒家就特别强调诚信的养成，孔子认为教育的内容包括“文、行、忠、信”（被称为“四教”），其中“忠”和“信”即诚实守信，是我们每个人的修己之本、处世之道。

诚信精神是社会秩序的基础和根基。涵养和培育诚信精神是一个系统工程，需要国家、社会、个人共同发力。作为时代新人的大学生要成为营造诚信氛围的积极践行者，要坚持“制礼义以分”，在学习、工作、生活中对诚信与失信之间划出明确界限，对是非曲直做出正确价值判断。

（二）提升诚信自律

中国传统文化中的诚信是基于“熟人”社会形成的，是一种对个人品质的要求，一种以人心、观念、情感、德性为核心的道德文化。随着经济的发展，人口流动加剧，社会逐渐从“熟人”社会走向“陌生人”社会，不断形成“陌生人”生活场域，这就降低了诚信对个体的约束力，人们失信的代价变小，因而失信行为明显增多。在这样“陌生人”社会的背景下，个体的诚信自律就显得尤为重要。

诚即真实也，诚信是一种真，是真的良心，真的美德；信不是迫于压力，而是发自内心，自觉、自省的真信。诚信自律相对于诚信他律而言，要求个体能够做到慎独自省，做到不欺心，做到心中有信。如明代诗文作家何良俊在《语林·德行》中记载了众所周知的公沙穆卖猪的故事。“公沙穆尝养猪，有病，使人卖之于市，云：‘当告买者，言病，贱取其值，不可言无病，欺人取贵价也。’卖猪人到市即售，亦不言病，其直过价。穆怪问其故。赍（jī）半直，追以还买猪人。语以猪实病，欲贱卖，不图卖者相欺，乃取贵直。买者言卖买定约，亦复辞钱不取。穆终不受钱而去。”通过《语林·德行》中记载的典故，我们可以看到当卖猪者将猪原价卖出而未告知买家实情时，公沙穆心中非常不安并责怪卖猪者，坚持将一半的钱退给买家。因此，信并不局限于外界的他律或者契约，而是在做人、做事的时候要做到不欺心，以心为信。大学生在劳动中要做到慎独自省，自我约束、自我调整，一言一行都要诚实守信，用诚信自律为自己的职业生涯保驾护航。

（三）注重诚信践行

习近平总书记曾说：人与人交往在于言而有信，国与国相处讲究诚信为本。诚实守信的劳动品质不仅要求个体要具有诚信、自律的精神，更重要的是要落实到诚信行动上面。知易行难，大学生要统一好诚信精神与诚信行为之间的关系，因为诚实守信的最终衡量标准还是个体的诚信行为。

大学生培养诚信行为，首先，要树立正确的价值观和动机，这是维持诚信行为的关键。社会认知理论认为价值观是评价事物的价值标准，是对个体行为具有指导作用的心理倾向系统。因此，正确的价值观和动机有利于强化诚信行为的生成。其次，要进行自我控制。自我控制是指个体通过精细的、有意识的、需要付出努力的、改变个体自主反应的自我调节，使个体的行为与社会期望相符，从而助力个体追求或实现人生价值。每个人面对诱惑，头脑中都可能会出现一些自私、不道德的观念和欲望，诚信行为就是个体与自身斗争、战胜个人本能的过程，个体可以尝试使用日记、自我反省等方法与头脑中的一些自私的想法、不道德的观念和欲望进行斗争。再次，通过观察学习来习得诚信行为。人类行为的习得都要经历一个由模仿到内化的过程，诚信行为亦如此。基于学习的"联结—认知"理论，榜样在个体诚信行为的养成中具有重要作用，因为每个人都有自我实现的需要，在生活中都渴望表现出友爱、正直、诚实、慷慨等高级品质，都有对美、正义、真理等高级价值的本能需求。为此，大学生应通过向榜样学习，在坚持自身优点，改正缺点，修正自我，将诚信观念外化为诚信行为，努力成为诚实守信的践行者。

拓展阅读

全国诚实守信模范——"信义老爹"杜长胜

杜长胜老人是江苏省徐州市睢宁县村民，2010 年，杜长胜的大儿子借了 300 多万建设面粉厂，工程还没完工，就和妻子相继在交通事故中去世。当时杜长胜老人已经是 71 岁的古稀老人，面对债务，他说："只要有儿子、儿媳妇签字，我都认！你们放心，就是倾家荡产，我也要把这些账还了！"杜长胜的大儿子在城里有一套商品房，老人以 35 万元的低价卖了，卖房子的钱还没焐热，就还了债。大儿媳妇去世时，厂子刚刚生产，还有一些原料。杜长胜就带着年幼的孙子坚持小规模生产，装车、送货、卸货、跑销路等，老人都是自己干。后来实在干不动了，以 160 万元的价格把厂子卖了还债。杜长胜老人一口承诺，东挪西借、省吃俭用，每天都为还债而奔波劳碌着，用 5 年时间为遭遇意外不幸去世的儿子、儿媳还清 330 万元债务。

有一种信念是替子还债，做人诚信；有一种敬佩是人在债在，一诺千金；有一种传承是诚信永续，莫失莫忘。杜长胜老人用身体力行践行着什么是诚实守信。

（改编自 https://m.163.com/dy/article/HBJUCGJK0553E0DF.html）

第三节　团结协作，共同成就

一、团结协作的内涵

团结协作是指在人们共同的劳动目标和劳动任务的基础上，相互支持与配合，积极、主动、协同做好各项分工任务。

团结协作的内涵包括了两点：一是要有统一的目标；二是要有科学的规划、合理的分工。心不在一处，即使汇聚在一起，也只是乌合之众；只有心往一处想，劲往一处使，才能发挥团结协作的力量。

拥有共同的目标是团结协作的起点，也是核心。团结协作首先需要有明确统一的劳动目标，没有目标的协作就像一盘散沙，无法形成合力。在共享经济和大规模集成作业的模式下，团结协作具有重要的现实意义。

团结协作不仅意味着要凝聚力量，还意味着要有合理的分工和周密的配合。科学规划、合理分工是团结协作发挥力量的关键。伴随社会进程的加快，行业分工趋于精细，单打独斗已经不能适应当前社会发展的要求，团结协作显得尤为重要。没有人是一座孤岛，每个人都是大陆的一片、整体的一部分。只有在整体规划的指导下，专业分工才能在有序的“轨道”内行驶，实现不同工作任务的有效对接，团队协作才能发挥出真正的聚合效应。

二、团结协作的劳动意义

团结协作是劳动分工的必然要求，体现了人们的集体智慧，是现代社会生活不可缺少的劳动方式。

(一) 现代劳动的交往方式要求劳动者协同劳动

科技的发展带来了更加精细的劳动分工。每一个个体的智力和体力都是有限的，人们必须通过劳动分工才能利用大量的科学知识以及种种相关技能，实现物质与精神生活的提高。例如，制造一辆汽车需要多个工序(如设计、零件制造、装配等)，需要集成多种复杂的知识和技能，任何一个人都难以独自掌握，这就需要个人参与到汽车制造的劳动分工中，通过与他人协作，制造出一辆完整的汽车。

劳动分工要经历两个过程，即技术分工过程和社会分工过程。技术分工过程是将需要在一定时间内完成的多环节活动，分解成可以由多个劳动者在指定时间内分别完成的劳动项目，又称为具体劳动项目的形成过程。社会分工过程是给每个成员分配具体劳动项目的过程，即每个成员需要承担一个或几个具体的劳动项目，并在指定的时间内完成所分配的具体劳动项目。

（二）团结协作的劳动氛围可以提高劳动效率

马克思在《资本论》中提出，协作比分散劳动有优势：一是可以抵消各个劳动者在劳动能力上的差别；二是可以节约生产资料；三是创造了一种新的生产力——集体力；四是可以提高工作效率。群体的社会化劳动形式激发了竞争力，许多劳动者在同一时间做同一或同种工作，这种最简单的共同劳动形式即使在最发达的协作形态中也能起到重大作用。

劳动合作或协作是集体劳动的自然实现形式。任何个人的力量都是有限的，个人只有融入团队中，依靠团队的力量，将自己的愿望与团队的目标相结合，才能超越个体的局限，发挥团队的协作作用，产生“1＋1＞2”的效果。

三、培育团结协作的劳动品质

《大中小学劳动教育指导纲要（试行）》中提出要“注重让学生学会分工合作，体会社会主义社会平等、和谐的新型劳动关系。”我国著名教育家陈鹤琴提出“活教育”的目的论，他认为“活教育”的目的是“做人，做中国人，做现代中国人”，并赋予“现代中国人”五方面的要求：“要有健全的身体、要有建设的能力、要有创造的能力、要能够合作、要服务。”其中有一条要求是“要能够合作”，他认为“教育即需训练人自小具有团队合作精神，能舍小我成全大我，舍一己之个体成全国家民族之大体。”①作为社会中的个体，我们必须要与其他人进行合作，通过合作、集体劳动等形式，创造生存所必备的生活资料、生产资料，以便更好地在社会上生存。

(一) 明确合作意识是基础

马克思在《资本论》中提出：“许多人在同一生产过程中，或在不同的但互相联系的生产过程中，有计划地一起协同劳动，这种劳动形式叫做协作。”②要想充分发挥团队协作的作用，产生“1＋1＞2”的效果，团队成员就要有计划地一起劳动，目标一致、彼此信任，为了完成任务而相互合作。合作意识是团队成员自觉自愿、利己利他的心理状态，是团队高效完成工作的催化剂，是团队协作的基础。

培养合作意识前提是认识到合作的重要性，著名心理学家荣格认为，个体的“我”只有融入集体中才是完整的我。个体只有与集体中的成员相互合作、友好相处、共享信息与成果，才能实现最大的“双赢”“多赢”。随着社会的发展，很多工作是单个人无法完成的，需要人们之间通力合作。以流水线生产为例，流水线生产中的每个人负责其中一个环节，要高效、顺利地完成生产就需要人们有序合作，每个人既要完成自己负责的环节，又要顾全大局，不能因个人影响整个生产过程。

培养合作意识要树立利他的价值取向，马克思认为人的本质包括自然属性和社会属性，社会属性是人的本质属性，每一个人都从属于一定的社会群体，如家庭关系、业缘关系、经济关系等。团结协作要协调好个人、他人与集体的利益三者之间的关系，既要实现个人利益也要考虑他人、集体利益，以期达到个人利益与集体利益的最优化。

(二) 积极参与集体劳动

苏霍姆林斯基指出：“为集体而劳动，为集体创造物质财富，为集体服务——这些都是集体在劳动中的相互关系极重要的因素，缺少这些因素就不可能进行热爱劳动的教育。”③集体能够提供给个人和他人相互协作、取长补短、共同进步的机会，个人可以通过集体活动充分展示自己的个性、才华，并且与团体中其他成员共同为了集体的荣誉努力、共同为集体创造财富，在获得个人成长的同时为集体贡献自己的力量。参加集体活动、集体劳动并不是以牺牲个人利益为代价，相反个人在集体活动中能够获得成长与发展。

恩格斯指出：“只有在集体中，个人才能获得全面发展其才能的手段，也就是说，只有在集体中才可能有个人自由。”“在真实的集体的条件下，各个个人在自己的联合中并通过这种联合获得自由”。④ 马克思在《资本论》中认为，与分散劳动相比协作劳动具有以下优势：一是协作可以抵消各个劳动者数学上叫作“误差”的个人偏离，甚至让个体能

① 孙培育主编. 中国教育史[M]. 上海：华东师范大学出版社，2000：464.
② 中共中央马克思恩格斯列宁斯大林著作编译局. 马克思恩格斯全集：第 23 卷[M]. 北京：人民出版社，2004：378.
③ [苏]B. A・苏霍姆林斯基. 论劳动教育[M]. 箫勇，杜殿坤，译. 长沙：湖南教育出版社，1987：12 - 13.
④ 中共中央马克思恩格斯列宁斯大林著作编译局. 马克思恩格斯全集：第 3 卷[M]. 北京：人民出版社，1960：83.

力上的差别归于消失；二是通过协作提高了个人生产力，而且是创造了一种生产力，这种生产力本身必然是集体力；三是协作劳动可以节约生产资料；四是在协作中与其他团队成员接触，能够激发每个人的竞争意识，振奋精神，从而提高工作效率；五是对于复杂的劳动，可以把不同的操作任务分给不同的人，使这些操作同时进行，缩短完成总的劳动任务所必需的劳动时间。同时，在紧要关头投入的巨大的劳动量可打破劳动期限的限制。2020 年新冠肺炎疫情发生之后，国家为了尽快做到“应收尽收、应治尽治”，阻断病毒传播，在短时间内完成了火神山、雷神山医院的建设，充分展现了团队协作、集体劳动的重要性，团队成员通力合作会迸发出来一种新的生产力，即马克思所说的集体力。

拓展阅读

火与雷——世界第一的中国速度

2020 年一场突如其来的新冠肺炎疫情席卷武汉，为了打赢湖北保卫战、武汉保卫战，约 4 万名建设者从四面八方赶来，他们日夜鏖战、并肩作战、与病毒赛跑，创造了 10 天左右时间建成火神山、雷神山两座传染病医院的“中国速度”。

短短 10 天要完成选址、设计、交底、土建、设备安装、装修等各项工作，时间紧、任务重、人员物资有限、参与单位众多，这时候集体中的协同作战就显得非常重要。基于此，火神山、雷神山两座医院施工中制定“小时制”作战地图，倒排工期，将每一步施工计划精确到小时乃至分钟，大量运用装配式建造、BIM 建模、智慧建造等前沿技术，根据现场情况实时纠偏，使数百家分包、上千道工序、4 万多名建设者都能统一协调、密切配合，确保规划设计、方案编制、现场施工、资源保障无缝衔接、同步推进。

（改编自 http://www.cccaa.org.cn/dynamics/833.html）

（三）注重培养集体荣誉感

集体荣誉感是一种积极的心理品质，表现为关心集体、热爱集体并愿意尽己所能为集体贡献自己的力量、智慧。集体荣誉感能够激励人们奋发向上。个人与集体之间相互依存、相互促进。个体都是在一定社会关系中生活的，是集体中的一员，不可能脱离集体而独自存在、独自生活，个人的成长离不开集体的支持；集体的发展同样需要成员积极沟通、相互支持、彼此负责、顾全大局，为实现集体的共同目标而努力。集体荣誉感对个体行为具有激励作用，激励个体为了集体的荣誉而奋力拼搏，同时，集体荣誉感也是一种约束力，如果个体的行为会影响到集体荣誉、集体形象，个体也会主动放弃这些行为。因此，新时代大学生要培养自己的集体荣誉感，增强对集体的关爱心、责任心和包容心。

马克思、恩格斯曾指出："历史不外是各个世代的依次交替。每一代都利用以前各代遗留下来的材料、资金和生产力；由于这个缘故，每一代一方面在完全改变了的条件下继续从事先辈的活动，另一方面又通过完全改变了的活动来改变旧的条件。"[①]无论是过去、现在还是将来，青年是一切事业的继承、参与者，大到人类社会，小到国家，青年在其传承和延续中都发挥了重要作用。一代人有一代人的主题，一代人有一代人的使命，置身于新时代的青年大学生，要走好新的长征路，养成积极的劳动态度，涵养吃苦耐劳、诚实守信、团结协作的劳动品质，为实现中华民族伟大复兴的中国梦而不懈奋斗。

思考训练

（1）大学生需要树立什么样的劳动态度？

（2）结合实际谈一谈为什么要培养团结协作的劳动品质。

主题实践

争做新时代热爱劳动的人

劳动是人类社会生存和发展的基础。劳动的实质是通过人自身的活动来改变自然物的形态或性质，满足生存和发展的需要。通过劳动，我们和世间万物沟通交流并逐步掌控与世界相处的规律。

社会实践：为城市清洁出一份力

1. 活动主题

劳动是人类为了生存所进行的行为，也是整个经济活动的主要内容。然而随着社会的进步、人们的物质条件逐渐变好，青少年却逐渐失去了对劳动的热情。大多数学生不会使用生活中常见的劳动工具，更不能体会劳动所带来的价值感和成就感。

提出本活动，就是为了让大家积极行动起来，通过体验基层劳动者的劳动活动，理解劳动的辛苦和不易，体会劳动者的伟大之处，感受劳有所获的满足感，从而学会并爱上劳动，成长为德、智、体、美、劳全面发展的学生。

2. 活动具体目标

1）知识目标

通过合作探究式学习，学会如何清洁道路和公共设施上的顽渍，了解基层清洁工所

---

① 中共中央马克思恩格斯列宁斯大林著作编译局. 马克思恩格斯全集：第3卷[M]. 北京：人民出版社，1960：51.

需要掌握的基本技能；初步了解并掌握不同场所、不同物品的清洁方法。

2）能力目标

提高实践动手能力和生活自理能力，能够随手进行力所能及的劳动，进而养成热爱劳动的好习惯，成为时代需要的奋斗者、劳动者。

3）态度目标

采用小组合作的形式，共享劳动成果，培养团队协作的能力；意识到基层劳动者的艰辛和伟大，体会劳动中的奉献精神和奋斗精神，形成正确的劳动价值观，树立主人翁意识和责任意识，成为社会主义建设各个岗位上“螺丝钉”。

3. 活动地点

城市景点和教室。

4. 活动人员

教师及全班学生。

5. 活动实施

（1）以小组为基本组织单位。

（2）前往所在城市的景点进行义务卫生清洁。

6. 学习效果评价

完成主题实践活动之后，通过小组会议的形式进行总结与思考。可以小组为单位撰写主题学习自评总结，提交PPT演示文稿，并推选代表在总评会上讲解，小组之间进行相互点评，最后由教师进行总结评价。

1）技能考核评价

技能考核评价表

班级		姓名	
学号		小组成员	
实践项目	社会实践：为城市清洁出一份力		
实践流程			
结果分析			
自我评价	优秀□　合格□　不合格□		
教师评价	优秀□　合格□　不合格□ 教师签名：　年　月　日		

2）学习过程评价

学习过程评价表

序号	考核内容	配分	评分标准	自评	互评	师评
1	小组准备	10	小组分工明确，能够对学习任务内容及实施步骤进行精心准备			
2	知识运用	30	能够熟练、准确地运用所学知识完成主题实践任务			
3	成果展示与任务报告	20	成果展示内容充实、语言规范，主题实践活动报告结构完整、观点正确			
4	学习态度与课堂纪律	15	学习积极主动、态度认真，遵守教学秩序			
5	自主学习与动手能力	10	具有自学意识与较强的动手能力			
6	团队配合	15	团队意识、分工合作、问题解决、团队纪律			
7	总分统计	100				
8	综合评价					

模块四 劳动法规与安全

教学目标

◎ 知识目标

（1）了解劳动关系的含义及类型，劳动关系建立的标志、原则和前提条件。

（2）了解我国劳动者的基本权益以及与劳动保护相关的法律法规。

（3）了解大学生就业常见的劳动风险，学会防控劳动风险。

（4）掌握安全常识，认识常见的劳动防护工具。

◎ 能力目标

（1）遵守劳动基本规范，掌握解决劳动争议的基本方法，学会保护自身的劳动权益。

（2）遵守劳动纪律，在劳动过程中做好安全防护，掌握常用的应急技巧。

◎ 素质目标

（1）增强劳动安全和劳动权益保护意识。

（2）培养法治思维和法制意识。

案例导读

保护“快递员慢下来”的权利

前不久，湖南省郴州市快递员刘志权因家中有急事向公司申请休假，公司营运部很快就安排其他快递员代班。2022 年 9 月底，郴州市快递行业举行第一届第一次职工代表大会，通过了包含“制定快递员申报、企业安排代班调休制度，保证快递员每周至少休息 1 天”条款的行业集体合同。

国家邮政局数据显示，当前全国快递业日均揽收和投递包裹量均超过了 3 亿件。一件件快递的背后，是数以百万计快递员紧张忙碌的身影。在价值实现路径越来越多元化的当下，快递员职业受到一些人的青睐；准入门槛不高、工作时间灵活、“干得越多挣得越多”，驱动着许多人为了更好的生活而奔跑。

与快递行业的狂飙相比，快递员的劳动权益保护似乎“慢了一拍”。快递员不是一个空洞、抽象的符号，而是生动、鲜活的个体；关心那些在风里雨里奔跑的人，“快递员每周至少休息1天”可谓抓住了“七寸”——只有劳逸结合、张弛有度，才能让劳动更加可持续。

不论是家中有事，还是身体疲惫需要休养，抑或累积的压力和负面情绪需要释放和排解，快递员并非永远不知道疲倦的机器人，也不是没有情绪、情感的兵马俑，更不是没有被嵌入形形色色社会网络的孤立原子和孤独的鲁滨孙。虽然快递员并不缺乏对生活的热爱与担当，但他们也需要“温柔相待”；虽然快递员不怕“苦”，但他们也需要感受到关爱与呵护带来的“甜”。

劳动是一切财富的源泉，幸福都是干出来的。在劳动者权益保护得到越来越多认同的当下，快递员也不能成为被忽略和漠视的边缘群体。让快递员休息休假的权利从“纸面”落实到“地面”，纾解快递员几乎全年无休、请假难等权利痛点，“快递员每周至少休息1天”饱含制度善意和人文关怀。通过代班调休制度保障“每周至少休息1天”，不仅不会影响快递效率，反而有助于快递员轻装上阵。

快递行业本质上也是一个与人打交道的行业，传递的不仅是商品与服务，也包括人与人之间的情感与关系。快递员的身心状态，直接影响快递服务的品质；快递员也有“慢”下来的权利，休息休假有助于蓄能重新出发。做好快递员的劳动权益保障，有助于提升快递员群体的获得感与幸福感，有助于增强他们对职业的自我认同和社会认同。只有改善和优化快递员的生存状态，快递员职业才会更有吸引力和竞争力，快递员才会更有奔头。

（改编自《保护“快递员慢下来”的权利》，《工人日报》，2023年4月11日）

第一节 劳动法律关系

一、认识劳动关系

(一) 劳动关系的含义

劳动过程的实现,必须以劳动力和生产资料两个要素相结合为前提。在劳动力和生产资料分别归属于不同主体的社会条件下,只有这两种主体之间形成劳动力与生产资料相结合的社会关系,劳动过程才能够实现。劳动关系是人类社会得以存在和发展的最基本的社会关系。在不同的国家或不同的体制下,劳动关系有时又被称为“劳资关系”“劳工关系”“劳雇关系”“员工关系”“产业关系”等。从我国目前情况来看,由于劳动力使用一方具有部分国家性质,所以使用“劳动关系”的表述,可以避免因所有制不同或从某种政治态度和立场出发而产生的概念差异。

在我国目前的经济条件下,劳动关系是指劳动者与劳动力使用者(单位)之间在劳动过程中建立或结成的关系。狭义地讲,劳动关系是指企业所有者、经营者、普通职工及其工会组织之间在企业的生产经营活动中形成的各种责、权、利关系。劳动关系主要包括所有者与全体职工(包括经营管理人员)的关系;经营管理者与普通职工的关系;经营管理者与工会的关系;工会与职工的关系。劳动关系的一方(劳动者)必须加入某一个用人单位,成为该单位的一员,并参加单位的生产劳动,遵守单位内部的劳动规则;而另一方(用人单位)则必须按照劳动者的劳动数量或质量给其付报酬,提供工作条件,并不断改进劳动者的物质、文化生活。

(二) 劳动关系三要素

劳动关系的三要素是指劳动关系的主体、劳动关系管理的内容、劳动关系的客体。劳动关系的主体就是劳动关系的参与者,主要指劳动者、劳动者组织和用人单位。劳动关系管理的内容是指用人单位人力资源管理工作中的员工招收、录用、人力资源配置与协调等事务,具体表现为劳动合同的订立、履行、变更、解除和终止等行为。劳动关系的客体是指主体的劳动权利和劳动义务共同指向的事物,如劳动时间、劳动报酬、劳动纪律、安全卫生、福利保险、教育培训、劳动环境等。

(三) 劳动关系的类型

按劳动过程的实现方式,劳动关系可分为两类:一类是直接实现劳动过程的劳动关系,即用人单位与劳动者建立劳动关系后,由用人单位直接组织劳动者进行生产劳动的形式,当前这一类劳动关系居绝大多数;另一类是间接实现劳动过程的劳动关系,即劳动关系建立后,劳动者通过劳务派遣或借调等方式为其他单位服务实现劳动过程的形式,这一类劳动关系目前居少数,但今后会逐年增多。

按具体形态，劳动关系可分为常规形式（即正常情况下的劳动关系），停薪留职形式，放长假的形式，待岗形式，下岗形式，提前退养形式，应征入伍形式等。按用人单位性质，可分为国有企业劳动关系、集体企业劳动关系、三资企业劳动关系、私营企业劳动关系等。按劳动关系规范程度，可分为规范的劳动关系（即依法通过订立劳动合同建立的劳动关系），事实劳动关系（指未订立劳动合同，但劳动者事实上以成为企业、个体经济组织的成员，并为其提供有偿劳动的情况）和非法劳动关系（如招用童工和无合法证件人员，无合法证照的用人单位招用劳动者的情形）等。

二、劳动关系的构建

（一）劳动关系建立的标志

建立劳动关系是指劳动者和用人单位按照一定的方式确定劳动关系，相互之间从而产生权利和义务。劳动关系的建立，表明用人单位录用了劳动者，劳动者实现了就业，是劳动关系运行的起点。

对于我国劳动关系的建立可以从以下几个方面理解。

1. 建立劳动关系，应当订立书面劳动合同

书面劳动合同是劳动者同用人单位建立劳动关系的重要依据，是约束劳动者和用人单位的重要行为准则。用人单位招用劳动者时，应当如实告知劳动者工作内容、工作条件、工作地点、职业危害、安全生产状况、劳动报酬，以及劳动者要求了解的其他情况；用人单位有权了解劳动者与劳动合同直接相关的基本情况，劳动者应当如实说明。

2. 自用工之日起，劳动者同用人单位就建立了劳动关系

用人单位与劳动者在用工前订立劳动合同的，劳动关系应当自用工之日起建立。已经建立劳动关系，未同时订立书面劳动合同的，应当自用工之日起 1 个月内订立书面

的劳动合同。劳动关系建立的时间应当以用工之日为劳动关系建立的起始日期，而不应当以订立劳动合同的日期为起始日期。

《中华人民共和国劳动合同法》(以下简称《劳动合同法》)第七条规定，用人单位自用工之日起即与劳动者建立劳动关系，用人单位应当建立职工名册备查。职工名册是用人单位管理劳动者的重要文件，其内容主要包括职工姓名、性别、年龄、身份证号码、户籍地址、现住址、劳动合同期限、工资、所属单位、职务、工作技能、社会保险缴费、考勤记录等。制订职工名册是用人单位的法定义务，是劳动行政管理部门依法监督检查的依据。

3. 用人单位不得以抵押的形式同劳动者建立劳动关系

用人单位同劳动者建立劳动关系时，不得扣押劳动者的居民身份证和其他证件，不得要求劳动者提供担保或者以其他名义向劳动者收取财物。这一规定有效地规范了用人单位的行为，防止用人单位随意侵害劳动者的权益。

拓展阅读

“网红”请求确认与经纪公司存在劳动关系

阿娇在某网络直播平台的直播间做主播，粉丝数近 60 万，拥有很高的人气。2016 年 1 月，阿娇与上海某网络科技中心签订《主播经纪协议》，该公司安排其在某网站上指定的直播间进行直播。协议对阿娇工作内容、双方权利义务、权利归属、合作费用、收益分配、违约责任等进行了约定，约定该公司担任阿娇的独家经纪公司，独家享有其全部主播事业的经纪权；公司每月向阿娇支付保底收入 5 000 元。经过经纪公司的包装宣传，阿娇在网络上具有了一定的知名度。三个月后，阿娇退出公司在某网站上的指定直播间，并以公司未按规定为其缴纳社会保险费为由，向劳动人事争议仲裁委员会申请仲裁，要求确认 2016 年 1 月 1 日至 3 月 31 日期间与经纪公司存在劳动关系。同时要求经纪公司支付解除劳动关系经济补偿金 2 500 元。仲裁委员会对其请求不予支持。阿娇诉至法院，被一审法院驳回。阿娇不服判决，向上海一中院提起上诉。庭审中，阿娇认为双方签订的《主播经纪协议》实际上是劳动合同，协议规定每月保底工资 5 000 元，收益分配三七分，这属于双方对于工资的约定，可以证明双方存在劳动关系。另外，经纪公司未按规定为其缴纳社会保险费，自己有权要求其支付解除劳动关系经济补偿金。经纪公司认为，双方签订的合同为经纪合同而非劳动合同，劳动关系以人身依附性为基础，阿娇作为网络主播，工作地点自由、不受公司管理，双方不存在劳动关系亦无须支付经济补偿。

上海一中院经审理认为，本案的争议焦点为阿娇与经纪公司之间是否构成劳动关系。该份协议系双方就开展演艺活动、提供经纪服务等民事活动的权利、义务约定，并非劳动权利、义务的约定，不符合劳动关系的特征，故对阿娇要求确认其与上海某网络科技中心之间存在劳动关系、上海某网络科技中心支付解除劳动关系经济补偿金的诉请不予支持，做出驳回上诉、维持原判的二审判决。

认定劳动关系的核心在于劳动者是否受到用人单位的管理约束。劳动关系是双方当事人通过合意由劳动者一方提供劳动、用人单位一方给付报酬所形成的具有经济人身从属性的权利、义务关系。劳动关系的核心是劳动的地点、内容、方式、过程，以及在即便无工作但劳动关系仍然存续的情况下，还需受到用人单位的约束，约束的方式既包括规章制度，也包括具体的管理行为。从本案中双方签订的《主播经纪协议》的内容来看，双方就开展网络直播活动的权利、义务进行了约定，没有订立劳动合同的合意。双方收入按三七开分配，阿娇的工作主要在其家中完成，无须到被告公司的办公场所上班，亦无须遵守公司规章制度。因此，双方之间对权利、义务关系的约定不符合劳动关系的特征。

作为上海市首例涉及网络主播这种新业态下法律关系司法认定的案件，本案把握的原则是对涉及新型用工形态案件的审判，既要充分保障服务提供者的基本权益，又要提供适当空间，从而更好地通过司法职能的履行确保我国互联网经济健康、有序发展。

（改编自 https://www.163.com/dy/article/HBH4PQUK0551M1HQ.html）

（二）劳动关系建立的原则

劳动关系建立的原则是指劳动者和用人单位在订立劳动合同的过程中应该遵循的法律、法规和行为准则。我国《劳动合同法》规定，订立劳动合同，应当遵守平等自愿、诚实信用、合法、协商一致的原则。对于我国《劳动合同法》规定的这些原则，可以从以下几个方面进行理解。

1. 平等自愿原则

平等原则是指订立劳动合同的双方当事人具有相同的法律地位，不存在命令和服从的关系，任何以强迫、胁迫、欺骗等非法手段订立的劳动合同，都属于无效的劳动合同。自愿原则是指劳动合同必须是出自双方当事人的真实意愿，在充分表达各自意见的基础上，经过平等协商达成的协议。

2. 诚实信用原则

诚实信用原则是指劳动者和用人单位在订立劳动合同的过程中，应当如实告知对方当事人与工作有关的内容，不得以隐瞒、欺诈等手段达到订立劳动合同的目的。例如，在订立劳动合同的过程中，尤其是招工录用阶段，用人单位和劳动者依法承担相互如实告知必要信息，以满足对方信息需求的义务。

3. 合法原则

合法原则是指劳动者和用人单位在订立劳动合同的过程中，必须遵守国家法律、法规，不得与国家法律、法规相抵触。

4. 协商一致原则

协商一致原则是指订立劳动合同的双方当事人依法就劳动合同的有关事项，采取协

商的办法达成一致。对于劳动者来说,有权决定订立或者不订立劳动合同;对于用人单位来说,有权决定跟谁订立劳动合同,有权根据自己的需要选择劳动者。只有当劳动者和用人单位就劳动的内容、期限、劳动报酬等达成一致时,劳动合同才有可能成立。

(三) 劳动关系建立的前提条件

用人单位和劳动者必须具备法定的资格和条件,这是劳动关系建立的前提。

1. 劳动者资格

劳动者资格是指公民建立劳动关系、成为劳动关系主体的必备条件。一般来说,劳动者需要具备法定的劳动权利能力和劳动行为能力。劳动权利能力是指公民能够享有劳动权利和承担劳动义务的资格,是公民成为劳动关系主体必备的条件之一。劳动行为能力资格是指法律认可的劳动者行使劳动权利和履行劳动义务的能力,劳动行为能力是劳动者参与劳动关系的实质性条件。劳动者必须同时具备劳动权利能力和劳动行为能力,两者缺一不可。

拓展阅读

劳动者求职简历造假　企业可解除劳动合同

罗某凭借虚构的学历与工作经历,通过某信息技术公司的考核,于 2016 年 11 月入职该公司,试用期为 6 个月。罗某本人签署的录用条件确认书显示,罗某向公司提供的材料和信息,如学历证书、学位证书、工作经历、教育经历、体检证明材料等是虚假的或者有隐瞒。2017 年 3 月,该信息技术公司以罗某试用期表现不符合录用条件为由,与罗某解除劳动合同。罗某认为,其工作状态良好且符合录用条件,该信息技术公司解除劳动合同的行为属于违法解约,遂申请劳动仲裁。由于罗某对求职过程中的简历造假行为不能做出合理解释,存在学历造假、编造工作经历的事实,仲裁委员会认定该信息技术公司与罗某解除劳动合同合法。

（改编自 http://www.lm.gov.cn/c/2019-03-26/99401.shtml）

2. 用人单位资格

用人单位资格是指用人单位使用劳动者所必须具备的法定前提条件。一般来说，用人单位资格分为用人权利能力和用人行为能力。用人权利能力是指用人单位依法享有用人权利和承担用人义务的资格。用人行为能力是指用人单位能够以自己的行为行使用人权利和履行用人义务的能力。用人单位必须同时具有用人权利能力和用人行为能力，两者是缺一不可的。

（四）劳动关系建立的方式

劳动者同用人单位建立劳动关系的方式主要有两种。

1. 行政方式

劳动关系建立的行政方式是指劳动者同用人单位按照有关行政机构的指令确定劳动关系。一般情况下，劳动者凭有关行政机关的指令性文件到指定的用人单位报到，就成为该用人单位的一名员工，用人单位也凭行政机关的指令接受劳动者为本单位员工。按照这种方式，劳动者和用人单位都有义务服从行政机关的分配和安排，无正当理由不得拒绝。这种劳动关系建立的方式是计划经济条件下普遍采用的方式。随着市场经济体制的建立和劳动用工制度的改革，采取行政方式建立劳动关系已经在许多企业废止，只在一些特定的企事业单位实行，如军工企业、科研企业等。

2. 合同方式

劳动关系建立的合同方式是指劳动者和用人单位通过订立劳动合同确定劳动关系。按照这种方式，用人单位可以通过发布招聘公告或者刊登广告等方式，吸引劳动者到用人单位应聘；用人单位也可以通过劳动力市场同劳动者相互选择，在平等、自愿、协商一致的基础上订立劳动合同，确定双方的权利和义务。这种方式是市场经济国家确定劳动关系的基本方式。

第二节　劳动者的基本权益

劳动关系是劳动者与用人单位在实现劳动过程中建立的关系，是最基本、最重要的社会关系之一。对于劳动关系中的劳动者依法享有的劳动权益，我国多部法律法规做出了规定。劳动者在劳动的过程中有哪些权益，受到哪些法律保护，应当如何保护自身的合法权益？大学生应该要对此有充分的了解和认识。

一、我国劳动权益保护相关法律法规

劳动关系是否和谐，事关广大职工和企业的切身利益，事关经济发展与社会和谐，党和国家历来高度重视保护劳动者权益、打造和谐的劳动关系，制定了一系列法律法规

和政策措施，在立法、司法和行政等多个领域构建了一套完整的劳动者权益保护体系。

《中华人民共和国宪法》(以下简称《宪法》)第四十二条规定："中华人民共和国公民有劳动的权利和义务。"我国与劳动相关的重要法律法规还有《中华人民共和国劳动法》(以下简称《劳动法》)、《劳动合同法》、《中华人民共和国民法典》(以下简称《民法典》)等基本法，以及《就业服务与就业管理规定》、各地方政府的工资支付条例、最低工资标准等法规规章。

1.《劳动法》

《劳动法》是调整劳动关系以及与劳动关系有密切联系的其他社会关系的法律规范的总和。《劳动法》涵盖了劳动者的劳动权利和义务、劳动合同和集体合同、工作时间和休息休假、工资、劳动安全卫生、女职工和未成年工特殊保护、职业培训、社会保险和福利、劳动争议、监督检查、法律责任等内容。

2.《劳动合同法》

《劳动合同法》是为了完善劳动合同关系，明确劳动合同双方当事人的权利和义务，保护劳动者的合法权益，构建和发展和谐稳定的劳动关系而制定的法律。《劳动合同法》从2008年实施以来，已经成为我国保护劳动者权益的主要法律依据，在劳动关系中起到了主导性作用。

1) 劳动合同的订立

《劳动合同法》规定，建立劳动关系，应当订立书面劳动合同。用人单位与劳动者可以约定试用期，劳动合同期限为三个月以上不满一年的，试用期不得超过一个月；劳动合同期限为一年以上不满三年的，试用期不得超过二个月；三年以上固定期限和无固定期限的劳动合同，试用期不得超过六个月。

2) 无效劳动合同

下列劳动合同无效或者部分无效：以欺诈、胁迫的手段或者乘人之危，使对方在违背真实意思的情况下订立或者变更劳动合同的；用人单位免除自己的法定责任、排除劳动者权利的；违反法律、行政法规强制性规定的。如有的劳动合同规定："发生工伤事故，单位概不负责""矿工3天予以除名""不享受星期天休假"等，均属于内容违法而无效的条款。

3) 劳动合同的内容与条款

《劳动合同法》第十七条规定，劳动合同应当具备以下条款：用人单位的名称、住所和法定代表人或者主要负责人；劳动者的姓名、住址和居民身份证或者其他有效身份证件号码；劳动合同期限；工作内容和工作地点；工作时间和休息休假；劳动报酬；社会保险；劳动保护、劳动条件和职业危害防护；法律、法规规定应当纳入劳动合同的其他事项。

4）劳动合同的履行、变更、解除

劳动合同的履行是指劳动合同签订后，当事人双方各自履行劳动合同约定的义务，依法主张劳动合同约定的权利。劳动合同的履行应当遵循如下原则：亲自履行原则，即不允许当事人以外的其他人代替履行；实际履行原则，即当事人要按照规定完成义务，不能用完成别的义务来代替劳动合同约定的义务；全面履行原则，即劳动合同生效后，当事人双方要按照劳动合同规定的时间、地点、方式，按质、按量地履行全部义务；协作履行原则，即劳动合同的双方当事人在履行劳动合同的过程中，有互相协作的义务。

劳动合同的变更是指在劳动合同尚未履行完毕，对合同内容做部分修改的法律行为。用人单位与劳动者协商一致，可以变更劳动合同约定的内容。变更劳动合同，应当采用书面形式。劳动合同的解除分为双方协商解除、劳动者单方解除、用人单位单方解除三种。符合法定条件的前提下，劳动者可以与用人单位解除劳动关系。

拓展阅读

未签劳动合同，可要求二倍工资

2018 年 3 月 7 日，大学毕业的小张入职阳光公司，阳光公司仅与小张签订了试用期劳动合同，合同到期之后未再续签。2019 年 2 月 28 日，公司以没有项目为由将小张辞退。小张认为，公司未与其签订劳动合同违反了劳动合同法的相关规定，于是对公司提起仲裁，要求公司支付两倍工资，差额共计 139 770.11 元。仲裁委员会经审理，支持小张的仲裁申请。裁决做出后，阳光公司不服，向法院提起诉讼。法院经审理后认为，阳光公司与小张签订的《试用期劳动合同》于 2018 年 6 月 7 日到期后，阳光公司未与小张续签劳动合同。阳光公司称小张未通过其公司缴纳社会保险，不构成该公司可以不与小张续签劳动合同的合法理由，故阳光公司应向小张支付工资差额。

按照我国《劳动合同法》的相关规定，建立劳动关系应当订立书面劳动合同，用人单位自用工之日起超过一个月不满一年未与劳动者订立书面劳动合同的，应当向劳动者每月支付两倍的工资，同时劳动者可随时解除劳动关系，不用承担赔偿责任。劳动合同是证明劳动关系的关键依据，也是劳动者维护合法权益的依据，劳动者一定要依法与单位签订书面劳动合同，对劳动合同期限、工作内容和工作地点、工作时间和休息休假、劳动报酬、社会保险等关系到劳动者的切身利益的事项做出明确约定。

（改编自 https://www.shkp.org.cn/articles/2022/09/wx395934.html）

3.《民法典》

民法主要调整平等主体的自然人、法人和非法人组织之间的人身关系和财产关系。《民法典》第三编“合同”规定了合同的订立、合同的效力、合同的履行、合同的保全、合同的变更和转让、合同的权利义务终止、违约责任等。第四编“人格权”规定了生命权、身体权和健康权、姓名权和名称权、肖像权、名誉权和荣誉权、隐私权和个人信息保护等内容。

拓展阅读

你怎么看员工未完成业绩要被打耳光等惩罚行为?

企业与员工之间的劳动关系，兼具人身性和财产性特征，基于劳动者对用人单位的人身隶属性，用人单位有权对劳动者进行用工管理，有权监督劳动者的工作；劳动者必须服从用人单位的安排，遵守用人单位的劳动纪律和规章制度。但是这并不意味着用人单位可以基于管理者的身份，任性对员工施以管理和处罚。《民法典》第九百九十条规定，人格权是民事主体享有的生命权、身体权、健康权、姓名权、名称权、肖像权、名誉权、荣誉权、隐私权等权利。除人格权外，自然人享有基于人身自由、人格尊严产生的其他人格权益。员工未完成业绩要“打耳光”等所谓的企业“管理”行为严重侵犯了员工的人格权，用人单位需要承担侵权责任。

(改编自 https://static.nfapp.southcn.com/content/201707/30/c579365.html)

二、劳动者依法享有的劳动权利

我国对劳动者权利的保护以《劳动法》和《劳动合同法》为主。此外，我国《宪法》《工会法》《民法典》等法律法规都有保护劳动者权利的规定。劳动者的劳动权利主要包括以下几个方面：

1. 平等就业和选择职业的权利

平等就业权是指劳动者平等地获得就业机会的权利，即在就业机会的获得方面，劳动者不因性别、年龄、种族等自然差别而受歧视，就业机会面前一律平等。自主择业权是指劳动者自主选择职业的权利，包括是否从事职业劳动、从事何种职业劳动、何时从事职业劳动、进入哪一个用人单位工作等方面的选择权。

2. 获得劳动报酬的权利

劳动报酬是劳动合同的必备条款。劳动者付出劳动，依照劳动合同及国家有关法律取得报酬，是劳动者的一项重要权利。工资是劳动报酬的基本形式。我国《劳动法》规定，工资分配应当遵循按劳分配原则，实行同工同酬；国家实行最低工资保障制度，用人单位支付劳动者的工资不得低于当地最低工资标准；工资应当以货币形式按月支付给劳动者本人，不得克扣或者无故拖欠劳动者的工资；劳动者在法定休假日和婚丧假期间以及依法参加社会活动期间，用人单位应当依法支付工资。

拓展阅读

戴某诉某公司追索劳动报酬纠纷案

戴某担任某玻璃公司包装股课长。2015 年 11 月 18 日该玻璃公司人员配置调整办法为：课股/长根据年度考绩排名，最后 10%予以降职处理等。该公司 2015 年度考绩汇总表显示戴某排名倒数第 5 名。2016 年 1 月 4 日该公司通知戴某，职务由课长调整为班长，职务加给由 1 500 元调整至 700 元，2 月起执行。戴某申请劳动仲裁，要求公司支付工资差额及未足额支付工资而被迫解除劳动合同的经济补偿。仲裁委驳回了戴某的仲裁请求，戴某不服，诉至法院。

法院认为，用人单位根据工作业绩安排相对更为优秀的劳动者担任具有一定管理性质的职务，既符合用人单位对于保证和提高产品质量的要求，亦能较大程度激发劳动者的工作积极性，用人单位依据“末位淘汰制”调整劳动者工作岗位在一定条件下应予支持。故一审法院判决对戴某要求某玻璃公司补足工资差额及支付经济补偿的诉请不予支持。戴某某不服上诉，二审法院审理后做出终审判决：驳回上诉，维持原判。

用人单位依据“末位淘汰制”对员工实行奖优惩劣，对排名靠后的员工采取调岗调薪等措施是企业经营自主权的重要内容。只要该调岗调薪行为是基于企业生产经营管理的合理需要，且不违反法律规定和单位依法制定的规章制度，劳动者主张该调岗调薪行为违法的，人民法院不予支持。

在我国经济进入“新常态”的背景下，企业进入了愈发激烈的市场竞争格局，末位淘汰成为许多企业最大限度挖掘职工劳动绩效、强化劳动管理的创新举措。目前主流观点对“末位淘汰制”虽持否定态度，但仅针对用人单位适用“末位淘汰制”单方面解除与劳动者的劳动合同的情形，而本案对“末位淘汰制”主流观点未涉及的空白部分进行了填补，使“末位淘汰制”的适用规则更加完整。在非解除劳动关系的情形下，特别是针对具有管理职能的岗位，用人单位根据劳动者工作业绩进行考核排名，并根据排名对具有管理职能的岗位人员进行优化调整，属用人单位的自主管理权，并未违反法律规定，应予支持。本案在维护劳动者权益的同时，更加注重劳资双方利益平衡，对今后如何在法律框架内把握用人单位的自主经营权与自主管理权的范围及尺度具有一定参考价值。

（改编自 http://gongbao.court.gov.cn/Details/c8349c6745c2142656047b08634fde.html）

3. 获得休息休假的权利

《劳动法》不仅明确规定了劳动者的法定工作时间，而且对休息休假制度和用人单位延长工作时间及相应的工资报酬做出了具体规定。

我国现行立法规定，劳动者每日工作时间不超过 8 小时，平均每周工作时间不超过 44 小时；用人单位应当保证劳动者每周至少休息一日；企业因生产特点不能实行法定工作时间和保证劳动者每周至少休息一日的，经劳动行政部门批准，可以实行其他工作和休息办法。用人单位由于生产经营需要，经与工会和劳动者协商后可以延长工作时间，一般每日不得超过1小时；因特殊原因需要延长工作时间的，在保障劳动者身体健康的条件下延长时间每日不得超过3小时，但是每月不得超过36小时。

有下列情形之一的，用人单位应当按照下列标准支付高于劳动者正常工作时间工资的工资报酬：①安排劳动者延长工作时间的，支付不低于工资150%的工资报酬；②休息日安排劳动者工作又不能安排补休的，支付不低于工资200%的工资报酬；③法定休假日安排劳动者工作的，支付不低于工资300%的工资报酬。

拓展阅读

因父去世请假8天未获批强行休假被辞

王某系上海某物业公司保安。该公司规定，员工累计旷工三天以上(含三天)视为严重违反公司规章制度和劳动纪律，公司有权解除劳动合同并依法不予支付经济补偿。2020年1月6日，因其父病重，王某向主管提交请假单后回安徽老家处理家事。因为请假未被批准，王某在第二天赶回上海，回程途中接到了父亲去世的消息。王某再次向主管请假，主管告诉他安心回家，好好料理父亲后事，王某返回了安徽老家。1月14日，王某从老家回到上海，并于次日回到公司上班。1月31日，公司以王某累计旷工超过三天，严重违反公司规章制度和劳动纪律为由将其辞退。王某申请劳动仲裁，仲裁委裁决公司支付违法解除劳动合同赔偿金7.5万余元。物业公司不服劳动仲裁裁决，诉至法院。

青浦法院审理后认为，用人单位行使管理权应遵循合理、限度和善意的原则。解除劳动合同系最严厉的惩戒措施，用人单位应当审慎用之。1月6日，王某请假当日公司未及时审批，该日不应认定为旷工。扣除3天丧假，王某实际只请了2天事假，属合理期间范围，公司不予批准显然不近人情，亦有违事假制度设立之目的。公司解除劳动合同，属罔顾事件缘由，机械适用规章制度，严苛施行用工管理，显然不当。判决物业公司支付王某工资、赔偿金等。该公司不服判决上诉至二中院。二审法院认为，王某因父去世请假回老家操办丧事，符合中华民族传统人伦道德和善良风俗，无可厚非，公司应以宽容心、同理心加以对待。尊重民俗，体恤员工的具体困难与不幸亦是用人单位应有之义。王某并未达到公司规章制度规定的可解除劳动合同的条件，公司系违法。二审判决驳回上诉，维持原判。

这是一个引起社会热议的案例。劳动合同履行期间，用人单位及劳动者均负有切实、充分、妥善履行合同的义务。劳动者有自觉维护用人单位劳动秩序，遵守规章制度的义务；用人单位行使用工管理自主权亦应善意、宽容及合理，尊重公序良俗，既要有刚性执行的力度，也需有人性化的温度。当劳动者因具体困难请假时，用人单位对于假期审核应尊重民俗、体恤员工。为维护稳定和谐的劳动关系，在司法审查时，依法对强者以抑制，对弱者以保护，从而维持利益平衡。上海二中院在此案的判决上，尊重善良风俗，法条背后兼顾天理人情、民俗人伦，保护了劳动者的合法权益，展示了司法的温度，对构建和谐社会具有积极意义。

（改编自 https://www.163.com/dy/article/IA39KAVH0553U9AL.html）

4. 获得劳动安全卫生保护的权利

《劳动法》规定，用人单位必须建立、健全劳动安全卫生制度，严格执行国家劳动安全卫生规程和标准，对劳动者进行劳动安全卫生教育，防止劳动过程中出现事故，减少职业危害。用人单位必须为劳动者提供符合国家规定的劳动安全卫生条件和必要的劳动防护用品，对从事接触职业病危害的作业的劳动者应当定期进行健康检查。劳动者对用人单位管理人员违章指挥、强令冒险作业，有权拒绝执行；对危害生命安全和身体健康的行为，有权提出批评、检举和控告。

5. 接受职业技能培训的权利

《劳动法》《职业教育法》规定，公民有依法接受职业教育的权利。国家通过各种途径、采取各种措施发展职业培训事业，开发劳动者的职业技能，提高劳动者素质，增强劳动者的就业能力和工作能力。职业培训包括从业前培训、转业培训、学徒培训、在岗培训、转岗培训及其他职业性培训。各级人民政府应当把发展职业培训纳入社会经济发展的规划，鼓励和支持有条件的企业、事业组织、社会团体和个人进行各种形式的职业培训；用人单位建立职业培训制度，按照国家规定提取和使用职业培训经费，根据本单位实际，有计划地对劳动者进行职业培训；从事技术工种的劳动者，上岗前必须经过培训。

6. 享有社会保险和福利的权利

社会保险是社会保障制度的一个重要组成部分。依法享有社会保险也是劳动者的一项基本权利，具体是指劳动者在年老、患病、工伤、失业、生育等情况下，有获得一定物质帮助和补偿的权利。《劳动法》规定，用人单位和劳动者必须依法参加社会保险，缴纳社会保险费。劳动者在下列情形下，依法享受社会保险待遇：退休；患病、负伤；因工伤残或者患职业病；失业；生育。劳动者死亡后，其遗属依法享受遗属津贴。劳动者享受的社会保险金必须按时足额支付。

社会福利是社会保障体系中保障水平最高的部分。现代国家的社会福利以公共福利为基础、职业福利为补充。社会福利的目的是，在既有生活水平之上进一步提高人民的物质和精神生活水平，促进人的全面发展和社会的文明进步。《劳动法》规定，国家发展社会福利事业，兴建公共福利设施，为劳动者休息、休养和疗养提供条件。用人单位应当创造条件，改善集体福利，提高劳动者的福利待遇。

7. 提请劳动争议处理的权利

劳动争议是劳动者与用人单位之间关于劳动权利和义务而发生的纠纷。劳动争议一旦发生，直接关系着劳动者的工作和生活，关系着劳动者的切身利益。

8. 结社权

结社权是指劳动者参加和组织工会的权利。结社权是我国宪法规定的公民基本权利之一。《劳动法》第七条规定:“劳动者有权依法参加和组织工会。”

9. 集体协商权

集体协商又称为“集体谈判”,是工会代表职工与用人单位(或雇主)就有关劳动条件进行商谈,以签订对双方有约束力的集体合同的行为。

10. 民主管理权

民主管理权是指劳动者通过职工大会或职工代表大会等法律形式,就用人单位生产经营和人事管理等重大事项的决策行使参与、管理和监督的权利。

拓展阅读

某纺织公司诉周某工伤保险待遇纠纷案

周某系某纺织公司员工。2018年7月9日,周某在下班途中与张某发生交通事故。交警大队做出的事故认定书认定张某负主要责任,周某负次要责任。双方经交警部门调解达成协议,由张某赔偿周某误工费等相关费用。10月30日,人力资源和社会保障局做出认定工伤决定书,认定周某受到的伤害属于工伤。2019年4月19日,周某向劳动人事争议仲裁委员会申请仲裁,请求某纺织公司支付其停工留薪期工资、一次性伤残就业补助金等费用。仲裁委裁决后,该纺织公司不服,诉至法院。法院认为,职工因工作遭受事故伤害需要暂停工作接受工伤医疗的,在停工留薪期间内,原工资福利待遇不变,由所在单位按月支付。停工留薪期工资与误工费系基于不同的法律关系而产生的,伤者可以兼得。法院判决某纺织公司支付周某停工留薪期工资。

工伤保险待遇制度保障了劳动者在工作中遭受事故伤害和患职业病后获得医疗救治、生活保障、经济补偿和康复的权利。依照《中华人民共和国社会保险法》《工伤保险条例》有关规定,用人单位必须为劳动者办理工伤保险并缴纳保险费。因第三人侵权造成伤残或死亡的,除医疗费等以外,对于伤残、死亡赔偿金及部分相关费用,既可以要求用人单位方面的工伤保险赔偿,也可以追究侵权人的侵权赔偿责任。该案判决停工留薪期工资和误工费劳动者可以兼得,充分保障了工伤职工合法权益,既促使企业依法为劳动者投保以分散职业风险,也切实防止侵权第三人由此逃逸法律责任,对于处理因第三人侵权引发的工伤保险待遇具有重要指导意义。

(改编自 http://163.com/dy/article/IAJ3GIVN05149HUU.html)

三、劳动风险

(一) 劳动风险的内涵

劳动风险是劳动用工风险的简称,是指用人单位和劳动者之间因为用工关系的存在，而在劳动关系存续期间各个环节可能产生的用工风险的总称。劳动风险从招聘、入职、试用、劳动合同履行、变更、解除、终止，到离职的各个环节都存在，必须进行事先防范和过程控制。从实践来看，职业院校学生在实习中面临着各式各样的风险，一旦出现工伤、酬薪、劳动关系和休息休假等权益方面的纠纷，有可能损害学生的人身权益，还会对学生实习期间的劳动权益，甚至社会和谐与稳定产生影响。

《职业学校学生实习管理规定》要求职业学校和实习单位确立安全第一的原则，严格执行国家及地方安全生产和职业卫生有关规定。学生在实习期间受到人身伤害，属于实习责任保险赔付范围的，由承保保险公司按保险合同赔付标准进行赔付。不属于保险赔付范围或者超出保险赔付额度的部分，由实习单位、职业学校及学生按照实习协议约定承担责任。职业学校和实习单位应当妥善做好救治和善后工作。实习生在实习期间也有义务注意劳动安全。学习安全防护知识、参加岗位操作规程教育和培训并通过考核。

拓展阅读

实习中受伤的侵权责任认定

2016 年 7 月 21 日，某学院组织学生进行实习，胡某选择自主联系实习单位实习。11 月 16 日，胡某与某公司签订了《实习协议书》，约定胡某于公司操作岗位实习。2017 年 2 月 28 日晚，胡某独立进行数控技术操作，不慎被机器绞伤左手，产生医疗费、住院费等共计 69 378.02 元，以上费用均由公司予以垫付。经鉴定胡某因本次事故导致损伤构成九级伤残。

胡某作为学校学生，在学校组织实习阶段自主选择到被告公司进行生产实习活动，学校作为胡某实习期间的间接管理人，在学生实习期间，依然存在管理、保护和注意义务。而学校未能与企业沟通协商实习期间安排晚班是否合理，是否能够安排实习学生独自操控设备进行工作等问题，在事故中存在一定过错，与胡某的受伤存在因果关系；其次，胡某在公司实习的同时亦根据实习单位要求为实习单位提供了一定的劳务，但公司未尽到监督和管理责任，在没有实习老师带领的情况下安排其单独工作，对因此造成的伤害具有重大过错，公司与胡某的受伤亦存在因果关系；再次，胡某在实习前，学校对胡某进行了大量的安全培训，使胡某具备专业操作技能，如能规范操作应能避免事故的发生，胡某对于事故发生亦存在过失，理应承担部分责任；法院酌情认定由胡某自行承担10%的责任，公司承担70%的赔偿责任，第三人学校承担20%的赔偿责任。

（改编自 http://chinacourt.org/article/detail/2016/01/id/1794287.shtml）

（二）大学生就业常见的劳动风险

大学生就业存在着一定的风险，如试用期陷阱，即用人单位为了降低用工成本混淆试用期和实习期，导致毕业生一直被试用；此外还有合同陷阱，押金、保证金陷阱，虚假招聘等。大学生要提高警惕，加强对劳动政策和法律法规的学习，依法保护自己的劳动权益。

1. 入职常见的法律风险

1）试用期不规范

试用期不规范的情况如下：

（1）试用期期限不符合劳动合同法规定。超出法定期限的试用期不具有法律效力；劳动者可以要求支付违法约定试用期的赔偿金；用人单位在超出法定期限的试用期后，仍然以劳动者“不符合录用条件”为由辞退的，可能被认定构成“违法解除劳动合同”，此时需要向劳动者支付赔偿金。

（2）试用期内没有依法购买社会保险。如发生这种情况，劳动者可以依法解除劳动合同，并要求支付解除劳动合同的经济补偿金。

（3）只签订“试用期合同”，没有签订劳动合同；或者签订了劳动合同，但只约定了“试用期”，没有约定劳动合同的其他期限。此种情况下试用期不成立，双方约定的“试用期”，法律上视为劳动合同的期限。

（4）约定两次试用期。法律只允许约定一次试用期，第二次约定的试用期被认定无效。

（5）试用期内不签订书面劳动合同。试用期内要依法签订书面劳动合同，不签订劳动合同属于违法行为；用人单位没有在1个月内依法签订书面劳动合同的，需要承担支付双倍工资的惩罚性法律责任。

2）劳动合同签订不规范

最常见的情况是没有及时签订书面劳动合同。口头约定极易引起争议，毕业生一定要签订规范的劳动合同。没有签订书面劳动合同的，从第二个月起至第十二个月，用人单位每月需要支付两倍工资；没有签订书面劳动合同持续 1 年的，法律上视为双方已经签订无固定期限劳动合同。

2. 合同履行常见的法律风险

劳动合同依法订立即具有法律约束力，在合同履行环节也要注意防范风险。

(1) 注意合同在履行阶段存在约定变更、实际行为变更、单方变更等情形，对于涉及合同主要条款的变更需要双方协商一致并签订相关的协议。

(2) 用人单位平时要做好考勤记录、休假记录、加班记录、业绩考核记录，做到及时发放工资、及时缴纳社保、提供相应的劳动保护条件，劳动者要收集、保管相关的证据材料。

3. 离职常见的法律风险

劳动合同终止、解除阶段是劳动争议高发阶段，劳动者要了解离职期间的相关法律规定，降低离职风险。

1) 试用期内的合同解除

劳动者提前三天告知用人单位即可单方解除；用人单位只能在劳动者不符合录用条件的情形下才可以合法解除劳动合同，并负举证责任，否则承担支付经济赔偿责任。

2) 劳动合同期限内的解除

劳动者的解除权有：劳动者提前 30 天通知用人单位解除劳动合同无须特别理由(服务期除外)；用人单位存在违纪违法的情形下可以即时解除。用人单位的解除权有：劳动者存在严重违纪违法的情况；合法裁员；协商一致解除；用人单位解散等。

3) 劳动合同终止

到期后双方不续签合同。在劳动者提出维持或提高劳动合同约定条件的情形下不续签的，单位不付补偿金；用人单位提出不续签的，需支付经济补偿金。

习近平总书记指出：推进全面依法治国，根本目的是依法保障人民权益。劳动者的劳动权是人民权益的重要组成部分。新时代的中国日新月异，企业组织形式和劳动者就业方式正在发生深刻变化，新业态从业人员数量大幅增加，构建和谐劳动关系，补齐劳动者权益保障短板，增强劳动者抵御风险的能力和底气，加强劳动者职业技能培训及普法教育，及时化解劳动关系纠纷，切实维护劳动者合法权益，对于将要踏入社会的大学生来说都具有重大现实意义。

拓展阅读

实习生与用人单位是否存在劳动关系，是否受《劳动法》保护

周某等三人均系湘南学院体育教育专业大三学生。2019 年 5 月 15 日，周某等人到某健身俱乐部实习，担任私人教练工作，工作期间双方未签订劳动合同，口头协商达成协议：工资 1 500 元/月、私教课 80 元/节、加操课 70 元/节，月业绩超过 8 000 元，底薪按 1 800 元计算。从 2019 年 9 月 1 日开始至 10 月 10 日，俱乐部共拖欠周某等人工资几千

元不等。10月10日因学校要求回去实习，周某等人提前向俱乐部经营者阳某申请离职，阳某同意他们离开。因阳某未支付拖欠周某等人的工资，周某等人向劳动争议仲裁委员会提出仲裁申请，请求裁令俱乐部支付周某等人工资5 200元、解除劳动关系经济补偿金半个月工资750元、未签劳动合同两倍工资20 000元。仲裁委员会审理后认定，驳回周某等人的仲裁请求。

实习生在实习单位是否受到《劳动法》的保护？《劳动法》是调整劳动关系的法律，如果实习生与用人单位具有实质劳动关系，则属《劳动法》的调整范围，但在实践中如何界定实习生与用人单位是否具有劳动关系是个难题。《劳动法》中的劳动者是指达到法定年龄、具有劳动能力、以从事某种社会劳动获取收入为主要生活来源的自然人。一般认为，在校大学生不具有建立劳动关系的主体资格，不具备《劳动法》规定的独立劳动者身份。这意味着学生在实习过程中受到的伤害，一般不能按照劳动关系处理，而是按一般民事侵权纠纷处理，根据有关侵权的法律规定，由学生、学校、企业按过错程度承担相应的责任。

在校生与用人单位之间建立的关系主要分为两种情况。一种是在校生作为民事主体与用人单位之间建立勤工俭学等民事法律关系。原劳动部《关于贯彻执行〈劳动法〉若干问题的意见》第十二条规定，在校生利用业余时间勤工俭学不视为就业，未建立劳动关系，可以不签订劳动合同。可见，利用假期打工的在校学生与用人单位之间不属于劳动关系，在身份认定上不是劳动者，不受《劳动法》《劳动合同法》调整，因此对于周某等人主张由俱乐部支付解除劳动关系经济补偿金、未签劳动合同两倍工资的仲裁请求，仲裁委员会依法不予支持。周某等请求俱乐部支付拖欠的劳动工资属于劳务费，依法不予支持。另外一种是在校生在用人单位进行社会实践或者专业实习，这是实习人员出于学习需要在单位进行社会实践的行为。如大学生的毕业实习，在校学生在学校安排下或者利用课余时间到单位进行实习，在此时全日制学生还是学生身份而不受《劳动法》调整和保护。由于学生不是劳动法调整的对象，学生和实习单位之间发生的争议不能作为劳动争议来处理。

如果用人单位以在校生不受《劳动法》保护为由，在双方建立有效的法律协议并且在校生按照协议提供了劳务的前提下，拒绝依法支付劳动报酬，在校生可以向劳动主管部门举报或向法院起诉。劳务关系是劳动者与用工者根据口头或书面约定，由劳动者向用工者提供一次性的或者是特定的劳动服务，用工者依约向劳动者支付劳务报酬的一种有偿服务的法律关系。劳务关系是由两个或两个以上的平等主体，通过劳务合同建立的一种民事权利义务关系，其适用法律主要是《合同法》。

（改编自 http://www.jsjc.gov.cn/yaowen/202304/t20230412_1501043.shtml）

四、劳动争议的解决途径

劳动争议一般也叫作劳动纠纷，是指劳动关系的当事人之间因执行劳动法律、法规和履行劳动合同而发生的纠纷，即劳动者与用人单位之间因劳动关系中的权利义务而发生的纠纷。《劳动法》第七十八条规定："解决劳动争议，应当根据合法、公正、及时处理的原则，依法维护劳动争议当事人的合法权益。"第七十七条规定："调解原则适用于仲裁和诉讼程序。"这一规定确立了处理劳动争议的基本原则，即：调解原则；及时处理原则；以事实为依据，以法律为准绳的原则；当事人在适用法律上一律平等的原则。

解决劳动争议可以采取诉讼和非诉讼的方式。"诉讼"和"非诉讼"作为化解矛盾的两大手段，都是推动将矛盾纠纷纳入法治化轨道解决的重要途径。习近平总书记在2019年中央政法工作会议上提出要把非诉讼纠纷解决机制挺在前面，体现了创新社会治理、构建共建共治共享治理格局的思路。司法不能成为化解纠纷、消弭冲突的唯一、第一渠道，非诉讼纠纷解决机制破解了长期困扰老百姓的"打官司难，执行难""打官司贵，请律师贵，周期长"等司法救济环节上的难题，以便捷和低廉的优势，拓宽人民群众维护自身合法权益的渠道。同时，减少了大量行政成本和司法成本，修复弥合了社会关系，"调解在前，无讼少诉"不仅定纷止争，还更可能实现"以和为贵""案结事了，事了人和"的社会效果，有助于维护社会稳定，促进矛盾和纠纷依法、有效化解。一般来说，解决劳动争议的方式主要有四种：

（一）劳动争议协商

协商是指劳动者与用人单位就争议的问题直接进行协商，寻找解决纠纷的具体方案。劳动者与用人单位通过协商解决争议，有利于促进问题的快速解决。与其他纠纷不同的是，劳动争议的当事人一方为单位，一方为单位职工，因双方已经发生一定的劳动关系而且彼此之间相互有所了解，最好先协商，通过自愿达成协议来消除隔阂。但是，协商程序不是处理劳动争议的必经程序。双方可以协商，也可以不协商，完全出于自愿，任何人都不能强迫。劳动争议双方协商达成的和解协议具有法律效力。人力资源和社会保障部制定的《企业劳动争议协商调解规定》第十一条规定，协商达成一致，应当签订书面和解协议。和解协议对双方当事人具有约束力，当事人应当履行。

（二）劳动争议调解

调解是指劳动纠纷的一方当事人就已经发生的劳动纠纷向劳动争议调解委员会申请调解的程序。发生劳动争议，当事人可以口头或者书面形式向调解委员会提出调解申请。根据《劳动法》第八十条规定：在用人单位内，可以设立劳动争议调解委员会负责调解本单位的劳动争议。调解委员会委员由单位代表、职工代表和工会代表组成。调解员应当公道正派、联系群众、热心调解工作，具有一定劳动保障法律政策知识和沟通协调能力。除因签订、履行集体劳动合同发生的争议外，其他争议均可由本企业劳动争议调解委员会调解。

调解是非诉讼纠纷解决方式的核心，调解的主体包括各级行政机关、仲裁机构、行业组织的专门机构、社会组织、律师、民间人士等。《企业劳动争议协商调解规定》规定，经调解达成调解协议的，由调解委员会制作调解协议书。生效的调解协议对双方当事人具有约束力，当事人应当履行。但是，与协商程序一样，调解程序也由当事人自愿选择，当事人一方也可以不经调解直接向劳动争议仲裁委员会申请仲裁。调解协议也不具有强制执行力，如果一方反悔，同样可以向仲裁机构申请仲裁。

（三）劳动争议仲裁

仲裁是劳动纠纷的一方当事人将纠纷提交劳动争议仲裁委员会进行处理的程序。该程序既具有劳动争议调解灵活、快捷的特点，又具有强制执行的效力，是解决劳动纠纷的重要手段。劳动争议仲裁委员会是国家授权、依法独立处理劳动争议案件的专门机构。我国劳动争议处理实行“一裁两审制”，即先到劳动人事争议仲裁委员会申请仲裁，仲裁裁决可到法院申请执行；不服仲裁裁决可到法院提起民事诉讼，由法院做出审判直至终审。也就是说，申请劳动仲裁是解决劳动争议的选择程序之一，也是提起诉讼的前置程序，即如果想提起诉讼打劳动官司，必须要经过仲裁程序，不能直接向人民法院起诉。

（四）劳动争议诉讼

根据《劳动法》第八十三条规定：“劳动争议当事人对仲裁裁决不服的，可以自收到仲裁裁决书之日起十五日内向人民法院提起诉讼。一方当事人在法定期限内不起诉又不履行仲裁裁决的，另一方当事人可以申请人民法院强制执行。”诉讼程序是由不服劳动争议仲裁委员会裁决的一方当事人向人民法院提起诉讼后启动的。诉讼程序具有较强的法律性、程序性，做出的判决也具有强制执行力。

调解作为处理争议的方式手段，贯穿于一裁两审全过程。劳动争议仲裁法定时限为 45 天到 60 天，法院一审 3～6 个月，二审 9 个月。从时间成本看，仲裁较为省时，所需提供的证据较少。另外，仲裁具有简便、快速、柔性化等优势，且不收费；诉讼则具有强制性、耗时长等明显特点。

第三节　保障劳动安全

一、劳动安全的内涵

安全是人类生存与发展的最基本要求，是生命与健康的基本保障。劳动安全是指在生产劳动过程中，防止中毒、车祸、触电、塌陷、爆炸、火灾、坠落、机械外伤等危及劳动者人身安全的事故发生。在我国劳动安全指劳动者享有的在职业劳动中人身安全获得保障、免受职业伤害的权利。在实际的生产劳动过程中产生安全问题的原因有人为因素、环境因素，或者是二者兼有。一般来说，可能发生的安全事故有以下几类：一是在矿井中可能发生的瓦斯爆炸、火灾、水灾等；二是在机械加工过程中可能发生的绞碾、电击伤；三是在建筑施工过程中可能发生的高空坠落、物体打击；四是在交通运输中可能发生的车辆伤害事故；五是在有毒有害作业过程中可能发生的职业病害等。除了上述因生产劳动的直接因素导致的劳动安全问题之外，还有由间接因素导致的安全问题，如劳动者因工作时间过长而猝死，女性从事有害生理卫生的劳动，未成年人从事过于繁重的劳动，对身体造成危害等。

拓展阅读

劳动安全切不可掉以轻心

2007 年 3 月 21 日凌晨，某市一公司冲压车间发生一起机械伤害事故，伤者为实习生孙某，男，18 岁，系该市某校在校生。事发前，孙某与其他 5 名实习生及 2 名正式员工被班长安排在生产一线进行作业。作业时，孙某发现一物料未放置到位，便在主机未停止运转的情况下，弯腰探头伸出左臂拨弄压力机下的物料，后被下落的压力机砸中左臂等部位，造成左臂严重受伤。

（改编自 http://www.bjdcfy.com/qita/xsshsgalfx/2016-1/580429.html）

二、劳动安全防护

劳动安全防护是指保护劳动者在劳动过程中的安全与健康。国家为保护劳动者在生产过程中的安全和健康制定了各项法律、法规，包括对女工和未成年工进行特殊保护的管理制度。用人单位应遵照国家法规制定各项安全技术规程、劳动卫生规程和劳动保护管理制度等。大学生作为劳动者，在日常工作岗位中要做好以下安全防护：

（一）树立安全意识

劳动者要积极参加相关安全生产教育和培训，提高自我安全防护意识；掌握日常的安全常识、防护知识和事故发生时的应急处理措施等；熟悉个人在安全生产方面的权利和义务，如有权获知工作过程中可能产生的职业危害及后果、防护措施和待遇等；熟悉职业卫生相关法律、法规，可运用法律手段来维护自己的合法权益；还要知悉用人单位相关的职业卫生管理制度和操作规程等。

（二）履行安全行为

劳动者在生产过程中，要严格执行国家和用人单位的劳动安全卫生规程和标准，遵守有关的安全生产规章制度和安全操作规范，熟练掌握本岗位的安全操作技能，避免因无证上岗、违法违规操作等不当行为酿成危及生命和财产的安全事故。在劳动过程中切实做到不让自己和他人受伤害或被伤害。

拓展阅读

2020 年 10 月 1 日 13 时许，山西省太原市迎泽区小山沟村台验山景区冰雕馆发生一起重大火灾事故，造成 13 人死亡、15 人受伤。事故发生的原因是，当日景区 10 千伏供电系统故障维修结束恢复供电后，景区电工在将自备发电机供电切换至市电供电时，进行了违章带负荷快速拉、合隔离开关操作，在照明线路上形成的冲击过电压击穿装饰灯具的电子元件造成短路；火车通道内照明电气线路设计、安装不规范，采用的无漏电保护功能大容量空气开关无法在短路发生后及时跳闸排除故障，持续的短路电流造成电子元件装置起火，引燃线路绝缘层及聚氨酯泡沫塑料保温材料，进而引燃聚苯乙烯泡沫夹芯板隔墙和冰雕馆内的聚氨酯泡沫塑料保温材料。

除了电工的违章操作，企业方面也存在很大的问题：一是企业无视国家法律法规和政策规定，在未取得有关部门行政审批手续的情况下，长期进行违法占地、违法建设等活动；二是企业在游乐场馆建设中没有使用正规的设计、施工、监理、验收单位进行建设，致使电气线路敷设、接地短路保护和逃生通道、安全出口的设置等不符合安全要求，甚至人为封堵冰雕馆安全出口；三是企业违规在人员密集场所使用聚氨酯泡沫塑料、聚苯乙烯泡沫塑料等易燃保温材料；四是企业负责人安全意识淡薄，未建立安全生产管理机构，未配备专职或兼职安全管理人员，未健全全员安全生产责任制，安全隐患排查、整治、整改走过场，安全管理流于形式。另外，地方政府没有正确处理安全与发展的关系，有关部门安全监管责任不落实。

（改编自 https://yjt.sc.gov.cn/scyjt/anquanyinhuanbaoguangtai/2021/10/7/d07f752477344e6b88a5e9599c93902e.shtml）

（三）掌握安全技能

1. 掌握必要的安全常识

主要指学会识别安全色与安全标志。安全色一般按照常识可分为红、蓝、黄、绿这四种：红色表示禁止、停止或防火（见图 4－1）；蓝色表示指令或必须遵守（见图 4－2）；黄色表示警告和注意（见图 4－3）；绿色表示安全状态或可以通行（见图 4－4）。根据安全色的颜色分类，安全标志也依次分为红色的禁止标志、蓝色的指令标志、黄色的警告标志和绿色的提示标志这四种，一般会放在醒目位置，用于安全提醒（如表 4－1 所示）。

图 4－1　红色安全标志

图 4－2　蓝色安全标志

图 4－3　黄色安全标志

图 4－4　绿色安全标志

表 4－1　日常安全标志

安全标志分类	安全标志作用	安全标志含义
红色标志	禁止、危险	禁止不安全行为。一般形式为带斜杠的圆形框。圆环和斜杠为红色，图形符号为黑色，衬底为白色
蓝色标志	指令、执行	必须做某种动作，或采取防范。一般形式为圆形边框，图形符号为白色，衬底为蓝色
黄色标志	注意、警告	提醒注意周围环境的危险。一般形式为三角形边框，图形符号为黑色，衬底为黄色
绿色标志	提示、安全	提供或标明信息。一般形式为正方形边框，图形符号为白色，衬底为绿色

2. 学会正确使用安全防护用品

安全防护用品是指为防止一种或多种有害因素对自身的直接危害所穿用或佩戴的

各种器具。学会正确使用劳动防护用品可以保证员工避免生产过程中的直接危害，是预防职业病危害的最主要的防护措施，对员工的身体健康及生命安全有着极其重要的作用，也是劳动过程中必不可少的生产性装备。常见的安全防护用品有安全帽、防护服、防护手套、防护眼镜、防毒面具等（如表 4 - 2 所示）。

表 4 - 2　个人安全防护用品

防护用品分类	防护用品名称	防护用品作用
身体防护用品	防护服	有防火、隔热、防脏、防雨、防酸碱的作用，且有耐磨、透气等特点，以避免作业人员身体受到伤害
头部防护用品	防护帽	戴在头部，避免头部受到坠落物、硬质物件的撞击、挤压等伤害
眼部、面部防护用品	防护面罩、防护眼镜	保护眼、面、颈，避免受辐射、烟雾、化学物质、金属火花、飞屑和尘粒等的伤害，同时又可以观察外界
手、足部的防护用品	防护手套、绝缘鞋、防砸鞋	防止弧光、金属溶渣、触电、坠落物品对手部、脚部的伤害
防坠落物品	安全带、安全绳	防止高处作业人员坠落受伤

3. 学会常用的应急技巧

劳动过程中常见的事故有火灾事故、触电事故、物体打击、车辆伤害、机械伤害、中毒和窒息事故等。为应对突发的紧急事故，劳动者应积极参加用人单位组织的应急培训和应急预案演练，熟练掌握火灾、触电、中毒和窒息等多发事故的应对方法，并能在事故发生时有效实施应急措施。

1）火灾事故

火灾中对人体危害最大的是烟和各种燃烧物中的有毒成分。火灾发生时要及时向他人呼救，并拨打火警电话 119。火灾的初期尽早采取灭火措施，防止火势蔓延。快速找到安全通道和出口。尽量走楼梯，切忌乘坐电梯。若身上着火，应立即脱掉衣物或就地打滚。

火灾逃生方法有湿毛巾捂鼻法、毛毯隔火法、棉被护身法、被单拧结法、卫生间避难法等。若无法逃出火场也可以选择到阳台或窗口等比较容易让人看到的地方，在低楼层的也可以采取跳楼求生法。

2）触电事故

触电后能否获救取决于能否迅速脱离电源。发生触电事故时，应立即关闭电源。无法关闭电源时就使用木制物体或绝缘工具切断电源。若触电者神志清醒，呼吸心跳均自主，应就地平卧，严密观察，暂时不要站立或走动，防止继发休克或心衰。若触电者丧失意识，尝试唤醒并立即拨打 110 叫救护车。

3）伤口处理

伤口处理主要在于快速止血。

直接压迫法适用于头、面部及肢体无异物的伤口出血，将干净的纱布垫或手帕放在出血部位，或用绷带及类似的条状物用力缠绕伤口，然后直接用手指按压伤口或者将手指压在伤口近心端的动脉之上，向骨骼的方向用力施压，并保持15分钟以上，不要时紧时松。

间接压迫法适用于有异物的伤口出血，首先在伤口周围垫上干净的纱布垫，再用绷带加压包扎。

填塞止血法适用于严重的伤口出血及大动脉、大静脉出血，先将纱布垫及类似物直接塞到伤口内，再用绷带加压包扎。

抬高伤处法指将伤处抬高至心脏以上位置，减慢出血速度。止血带止血法适用于四肢大动脉出血。

冷敷法指用碎冰或冰毛巾冷敷患处，促使血管收缩并减少流血，适用于鼻子等部位出血。

4）紧急救护

对于因急性心肌梗死、严重创伤、电击伤、挤压伤、中毒、溺水等而引起的呼吸心搏骤停者，需立即采取行之有效的急救措施。

对呼吸停止而心搏存在者，应就地平卧，解松衣扣，通畅气道，并立即进行口对口人工呼吸。做法是将病人仰卧，松开衣物，然后清理病人口腔阻塞物，让病人鼻孔朝天，头后仰，贴嘴吹气，放开病人嘴鼻换气，如此反复进行，每分钟吹气10～12次，即每五秒钟吹气1次。

对心搏停止而呼吸存在者，应立即做胸外心脏按压。做法是将病人仰卧硬板上，然后抢救者将手掌正对病人胸口，掌根先用力向下按压再放松，这样连续操作，每分钟进行100～120次，每秒1次。

对于心跳、呼吸均停止者，立即同时进行口对口人工呼吸和胸外心脏按压等心肺复苏措施，一般抢救时间不得少于30分钟，直到呼吸心跳恢复或确诊已无生还希望时为止。心肺复苏的做法是先拍打肩部，判断意识，再保护好头颈部，翻转体位为仰卧位，然后再检查静动脉，判断心跳。用胸外心脏按压30次与人工呼吸2次为一周期进行操作。

三、建立安全预案，确保劳动安全

（一）火灾和爆炸安全预案

根据当前的科学技术条件，一般可采取下列五项措施预防火灾和爆炸。

1. 开展防火教育，提高群众对防火意义的认识

建立健全群众性义务消防组织和防火安全制度，开展经常性的防火安全检查，消除火险隐患，并根据生产性质，配备适用和足够的消防器材。

2. 认真执行建筑防火设计规范

厂房和库房必须符合防火等级要求。厂房和库房之间应有安全距离，并设置消防用水和消防通道。

3. 合理布置生产工艺

根据产品原材料的火灾危险性质，安排、选用符合安全要求的设备和工艺流程。性质不同又能相互作用的物品应分开存放。具有火灾、爆炸危险的厂房，要采用局部通风或全面通风，降低易燃气体、蒸汽、粉尘的浓度。

4. 易燃易爆物质的生产，应在密闭设备中进行

对于特别危险的作业，可充装惰性气体或其他保护介质，隔绝空气。对于与空气接触会燃烧的应采取特殊存放措施，例如，将金属钠存于煤油中，将磷存于水中，将二硫化碳用水封闭存放等。

5. 从技术上采取安全措施，消除火源

例如，为消除静电，可向汽油内加入抗静电剂。油库设施包括油罐、管道、卸油台、加油柱等应进行可靠的接地，接地电阻不大于 30 欧；乙炔管道接地电阻不大于 20 欧。往容器注入易燃液体时，注液管道要光滑、接地，管口要插到容器底部。为防止雷击，应在易燃易爆生产场所和库房安装避雷设施。此外，设备管理须符合防火防爆要求，厂房和库房地面采用不发火地面等。

（二）意外伤害安全预案

1. 伤害事故的预防办法

加强对学生进行行为安全教育和劳动纪律教育，增强学生的自我保护意识。

加强对教师的责任意识和法制意识教育，要求教师把学生的安全放在首要位置，做到安全责任到人。班主任老师应掌握学生的健康情况，对所教班级体质较差或患病学生的情况了如指掌，做到心中有数，确保学生安全。

加强对基地设施、劳动用具的安全检查，发现隐患立即排除。

2. 伤害事故的处理程序

一旦学生发生意外伤害事故，根据现有条件和能力及时进行救护，需送医院的立即指派人员将受伤害学生送至医院进行救治。在救护的过程中及时通知受伤害学生的父母或其他监护人，争取在第一时间做好知情人的笔录。

如遇重大伤害事故，应及时上报相关部门，启动事故处理应急预案，成立事故应急处理小组，确定对外发言人，及时开展工作。应尽快与受伤学生家长接触，通报情况，做好安抚工作；召开协调会，及时通报情况，稳定情绪，统一认识；及时研究处理意见，确定对策，与各方面沟通；在协调过程中及时将情况通报给各有关部门。

（三）集体活动安全预案

1. 活动前的准备工作

制定活动方案。要认真做好各项安排和应急预案，要有学校领导带队和足够的教

师负责管理。重大校外活动方案提前 15 天报上级主管部门审批,方案经批准后才可实施。

对活动场地进行实地踏勘。凡不安全的地方,或安全措施不落实的地方,不得组织前往活动。召开带班教师会,落实安全教育措施。要有保卫人员随同前往。配戴常用卫生药品。

与交警联系,取得支持,确保街道路口的交通安全。如需要交通工具,应事先与国有(A 类)运输单位取得联系,并签订交通运输协议,明确各自的安全管理责任。并主动与交警部门联系,落实有关措施,确保交通安全。如需要搭乘个体营运交通工具,必须经交通部门检查许可。严禁乘坐无证、无照人员驾驶的车、船等交通工具,严禁车辆超速、超载行驶。

2. 活动前的安全教育工作

1) 对带队老师的安全教育

对带队老师的安全教育主要有:①召开带队教师会议,进行安全教育的总动员,强调组织纪律;②一律与学生一起前往,紧跟队伍,坚守岗位,始终绷紧安全这根弦;③发现安全隐患及时处置,及时报告。

2) 对学生的安全教育

对学生的安全教育主要有:①加强组织纪律性,一律在校集中,排队前往;②禁止途中追逐、跑跳;③注意饮食卫生,选购食品时,不购"三无"食品,注意食品的有效期和保质期;④注意环境卫生,不乱丢食品包装袋,注意保护环境。

3) 突发事件的应急措施

活动中出现突发事件时,应采取的应急措施有:①保卫人员迅速赶到现场控制局面;②带班人员立即按照程序打电话向领导报告;③根据事态严重程度,边处置情况边向有关领导汇报;④如有人员受伤,立即送往就近医院进行治疗,无交通工具时拨打急救中心电话"120"请求救助。

工作人员要保证通信设备畅通,以便及时妥善处置偶发事件。

四、重视劳动保护

(一) 劳动保护的概念

劳动保护是国家和单位为保护劳动者在劳动生产过程中的安全和健康所采取的立法、组织和技术措施的总称。它是指根据国家法律、法规,依靠技术进步和科学管理,采取组织措施和技术措施,消除危及人身安全与健康的不良条件和行为,防止事故和职业病的发生,以保护劳动者在劳动过程中的安全与健康。

(二) 劳动保护的意义

保护劳动者在生产劳动过程中的安全与健康,是坚持社会主义制度的本质要求,是发展生产、促进经济建设的一项根本性大事,是社会主义物质文明和精神文明建设的一项重要内容。

劳动保护对社会有十分重要的作用,它是促进国民经济发展的重要条件。在生产过程中,生命是最宝贵的,劳动保护可以为劳动者创造一个安全、卫生、舒适的工作条件,消除和预防劳动生产过程中可能发生的伤亡、职业病和急性职业中毒,保障劳动者的安全与健康,促进劳动生产率的提高,保证生产建设顺利进行。

拓展阅读

慢性苯中毒

在某包装印刷公司从事制版工作的女工周某,由于工作需要,每月有 26 天、每天有 8 小时要接触香蕉水。工作两年后,在职业健康体检中发现白细胞和中性粒细胞计数均低于正常值。经过对其工作现场的空气检测,显示空气中苯含量明显超标,且现场无任何防护措施和个人防护用品,最后被诊断为“职业性慢性中度苯中毒”。

(改编自 https://baijiahao.baidu.com/s?id=1631701870080214833&wfr=spider&for=pc)

(三)职业病防治

职业病是指劳动者在职业活动中,因接触粉尘、放射性物质和其他有毒、有害物质等因素而引起的疾病。各国法律都有对职业病预防的规定,一般来说,只有符合法律规定的疾病才能称为职业病。

1. 职业病种类

2013 年 12 月 23 日发布的《职业病分类和目录》将职业病分为十大类,共计 132 种。十个大类分别如下:

(1) 职业性尘肺病及其他呼吸系统疾病,有煤工尘肺、石墨尘肺、过敏性肺炎、哮喘等。

(2) 职业性皮肤病,有接触性皮炎、光敏性皮炎等。

(3) 职业性眼病,有化学性眼部灼伤、电光性眼炎等。

(4) 职业性耳鼻喉口腔疾病,有噪声聋、铬鼻病等。

(5) 职业性化学中毒,有铅及其化合物中毒、汞及其化合物中毒等。

(6) 物理因素所致职业病,有中暑、减压病等。

(7) 职业性放射性疾病,有外照射急性放射病、外照射亚急性放射病、外照射慢性放射病、内照射放射病等。

(8) 职业性传染病,有炭疽、森林脑炎等。

(9) 职业性肿瘤,有石棉所致肺癌、间皮癌,联苯胺所致膀胱癌等。

(10) 其他职业病,有金属烟热、滑囊炎(限于井下工人)等。

对职业病的诊断，应由省级以上人民政府卫生行政部门批准的医疗卫生机构承担。

2. 职业病的防治方法

劳动者在生产劳动中，应提高自我保护意识，加强自我防护。具体应做好以下几方面工作：

1）参加就业前的职业卫生知识培训

目前与职业卫生相关的法律法规有很多，如《职业病防治法》《尘肺病防治条例》《使用有毒物品作业场所劳动保护条例》等，劳动者在就业前必须有所了解，可以自学，也可以参加政府或者企业组织的相关培训，了解相关的生产工艺流程或环节存在的职业病危害因素，掌握职业病防护、应急处理等知识。

2）正确使用劳动防护用品并做好自我防护

劳动者在工作过程中应严格按科学规律办事，不能蛮干；要自觉遵章守纪、严守操作规程；同时要自觉使用好个人防护用品。个人防护用品在预防职业病危害的综合措施中，属于第一级预防部分。个人防护用品有防护服、防护鞋帽、防护手套、防护面罩及眼镜、护耳器、呼吸防护器和皮肤防护剂等，其主要通过屏蔽、吸收和过滤达到防护目的。在选择个人防护用品时，不仅要注意防护效果，还应考虑是否符合生理要求。在使用时还需要加强管理和检查维护，确保防护用品能达到应有的防护效果。

3）健康检查

劳动者在入职前，一般企业或单位会通知其参加健康检查，劳动者可以知晓自身的健康状况，用人单位也能了解劳动者能否从事相关作业。同时，在在岗期间（定期）、离岗时和应急时也应进行健康体检。

（四）女性劳动保护

随着我国参加社会生产劳动的女性逐渐增多，女性劳动者已成为社会主义建设不可缺少的力量，几乎涉及各个行业领域。为保护女职工的合法权益和身体健康，减少和解决女职工在劳动中因生理特点而遇到的特殊困难，创造积极、健康、和谐的社会经济环境。我国对女职工实行特殊劳动保护制度。

根据《女职工劳动保护特别规定》的要求，女职工的劳动保护主要有以下几点：

（1）女职工禁忌从事的劳动范围：矿山井下作业；体力劳动强度分级标准中规定的第四级体力劳动强度的作业；每小时负重 6 次以上、每次负重超过 20 公斤的作业，或者间断负重、每次负重超过 25 公斤的作业。

（2）女职工在经期禁忌从事的劳动范围：冷水作业分级标准中规定的第二级、第三级、第四级冷水作业；低温作业分级标准中规定的第二级、第三级、第四级低温作业；体力劳动强度分级标准中规定的第三级、第四级体力劳动强度的作业；高处作业分级标准中规定的第三级、第四级高处作业。

（3）女职工在孕期禁忌从事的劳动范围：作业场所空气中铅及其化合物、汞及其化合物、苯、镉、铍、砷、氰化物、氮氧化物、一氧化碳、二硫化碳、氯、己内酰胺、氯丁二烯、氯乙烯、环氧乙烷、苯胺、甲醛等有毒物质浓度超过国家职业卫生标准的作业；从事抗癌药物、己烯雌酚生产，接触麻醉剂气体等的作业；非密封源放射性物质的操作，核事故与放射事故的应急处置；高处作业分级标准中规定的高处作业；冷水作业分级标准中规定的冷水作业；低温作业分级标准中规定的低温作业；高温作业分级标准中规定的第三级、第四级的作业；噪声作业分级标准中规定的第三级、第四级的作业；体力劳动强度分级标准中规定的第三级、第四级体力劳动强度的作业；在密闭空间、高压室作业或者潜水作业，伴有强烈振动的作业，或者需要频繁弯腰、攀高、下蹲的作业。

(4) 女职工在哺乳期禁忌从事的劳动范围：孕期禁忌从事的劳动范围的第一项、第三项、第九项；作业场所空气中锰、氟、溴、甲醇、有机磷化合物、有机氯化合物等有毒物质浓度超过国家职业卫生标准的作业。

(五) 心理健康防护

从劳动心理学角度分析，劳动者心理健康问题是由不同方面的压力源共同作用造成的，既有客观环境造成的压力，也有主体认知失调、情绪障碍等主观因素，概括起来主要有职业压力、社会压力、个体压力和人际关系四个方面。出现心理健康问题会导致各种各样的情绪和行为问题，一些极端的情绪和行为问题会极大损害我们的健康，应该妥善处理。心理活动的失衡，会导致忧虑、紧张、抑郁、烦躁、消极、敏感、多疑、易怒、自卑、自责等不良情绪出现。其症状表现为表面上强打精神，但内心却充满困惑和痛苦、无奈和彷徨，继而对工作失去兴趣，产生厌倦感。所以我们要找到正确的渠道去消除心理上的压力，保持一个健康的心理状态。

1. 积极参加单位组织的心理培训

目前，企事业单位都十分重视对劳动者进行心理健康指导，经常会组织一些心理讲座和心理拓展活动，来增强劳动者的心理抗压性和适应性，让劳动者能够尽快适应工作岗位所带来的职业压力，通过培训也可以让劳动者充满自信，迎接职业挑战。实践证明，有针对性的心理教育和训练可以增强劳动者的意志力、自信心、抗挫折能力和自控能力。劳动者要积极参加单位组织的心理健康培训，以提高自身的岗位适应能力和心理健康水平。

2. 做好自我心理调节疏导

在平时的工作中，要注意劳逸结合，合理安排好工作和休息。在遇到心理健康问题时，不要将负面情绪放大。从心理学的角度而言，恐慌和焦虑是一种自我保护的行为，不应压抑、否定和排斥，应正面接受问题，同时寻找一些宣泄渠道，如向朋友或家人倾诉、表达自己真实的情感。如果还不能缓解内心的焦虑，则可以寻求专业的心理健康医生进行疏导。

思考训练

(1) 劳动关系是怎样建立起来的?

(2) 劳动争议有哪些处理方式?

(3) 保障劳动安全的最终目的是什么?

主题实践

劳动安全无小事

生命安全面前没有小事，“保命钱”不能省。无论是在什么环境下作业，劳动者的安全防护都应该到位、有效。我们在为各行各业的劳动者点赞的同时，也应更多聚焦于为他们解决实际困难、维护他们的合法权益等实际行动上。

方案设计：重大危险源与化学事故应急救援

1. 活动主题

现代生产技术的迅猛发展，在丰富人类物质生活的同时，也带来众多潜在危险。重大危险源控制的目的，不仅是要预防重大事故发生，而且要做到即使发生事故，也能将危害限制到最低限度。由于工业活动的复杂性，需要采用系统工程的思维和方法控制重大危险源。大学生即将走向各行各业，面临各种各样的职业危害和安全隐患，掌握一定的应急救援知识是重中之重。

本活动的提出，就是为了让大家积极行动起来，亲自了解重大事故的救援过程，学习救援手段和方法，锻炼应对突发事件的能力，积累足够的安全生产经验。

2. 活动具体目标

1) 知识目标

通过设计重大危险源与化学事故应急救援方案，了解安全生产的发展历史和现状，掌握安全色、安全标志、危险化学品、高处作业安全等基本的安全生产知识；了解职业危害、职业病的含义；了解化学灼伤、噪声、辐射等职业危害及其防范；了解应对事故和危险的方法。

2）能力目标

通过设计重大危险源与化学事故应急救援方案，培养搜集、整合资料的能力，并将其迁移到学习中去；掌握识别危险源，规避重大风险，应对化学事故的技能，提高应急能力和实践能力，避免因“纸上谈兵”造成的种种安全隐患，为今后的劳动实践保驾护航。

3）态度目标

采用小组合作的形式，协同探究，共享劳动成果，培养团队协作能力；在设计重大危险源与化学事故应急救援方案的过程中，认识到安全生产的重要性，了解重大危险源的严重性，提高警惕性和风险意识，在工作岗位上做到良好的自我保护，保证安全生产和单位财产安全。

3. 活动地点

教室。

4. 活动人员

教师及全班学生。

5. 活动实施

请借助网络和图书馆资源检索相关信息，以小组为单位，设计以“重大危险源与化学事故应急救援”为主题的模拟救援方案。方案中应包含如下内容：①重大危险源与化学事故应急救援基础知识；②重大危险源与化学事故应急救援事件回顾；③重大危险源与化学事故应急救援事件分析；④化解重大危险源与化学事故的措施；⑤个人对于重大危险源与化学事故应急救援的看法。

6. 学习效果评价

完成主题实践活动之后，以小组会议的形式进行总结与思考。可以小组为单位撰写主题学习自评总结，提交 PPT 演示文稿，并推选代表在总评会上讲解，小组之间进行相互点评，最后由教师进行总结评价。

1）技能考核评价

技能考核评价表

班级		姓名	
学号		小组成员	
实践项目	方案设计：重大危险源与化学事故应急救援		
实践流程			

（续表）

结果分析	
自我评价	优秀□　合格□　不合格□
教师评价	优秀□　合格□　不合格□ 教师签名：　年　月　日

2）学习过程评价

学习过程评价表

序号	考核内容	配分	评分标准	自评	互评	师评
1	小组准备	10	小组分工明确，能够对学习任务内容及实施步骤进行精心准备			
2	知识运用	30	能够熟练、准确地运用所学知识完成主题实践任务			
3	成果展示与任务报告	20	成果展示内容充实、语言规范，主题实践活动报告结构完整、观点正确			
4	学习态度与课堂纪律	15	学习积极主动、态度认真，遵守教学秩序			
5	自主学习与动手能力	10	具有自学意识与较强的动手能力			
6	团队配合	15	团队意识、分工合作、问题解决、团队纪律			
7	总分统计	100				
8	综合评价					

模块五 未来劳动

教学目标

◎ 知识目标

（1）了解未来劳动的形态、特征和内涵。

（2）明确未来劳动对劳动者素质的要求。

◎ 能力目标

（1）提升劳动中的创新能力和数字工具运用能力。

（2）勇于尝试新方法、探索新技术，打破僵化思维方式，推陈出新。

◎ 素质目标

（1）塑造探索精神和创新意识，培养智能时代的创新性思维。

（2）提升数字素养，主动接受技术进步带来的机遇和挑战。

案例导读

百度：ACE智能交通助力加快交通强国建设

随着新一轮科技革命和产业革命的加速演进，以人工智能为核心的数字化技术展现出巨大潜力，正在加速我国智能交通时代的到来。

2019年9月份，中共中央、国务院印发的《交通强国建设纲要》明确提出，要推动大数据、互联网、人工智能、超级计算等新技术与交通行业深度融合，推动数据资源赋能交通发展，大力发展智能交通。

近年来，我国智能交通发展技术条件日趋成熟，市场主体快速成长，用户基础更为广泛，已逐渐形成体系化的产业生态。有研究指出，智能交通是我国扩大新型基础设施建设投资的关键领域，必将为我国中长期经济增长注入强劲动能。

作为智能交通的探索者和实践者，百度是我国最早系统布局智能交通解决方案的领军企业，也是国内唯一车路行全栈自主可控的高科技企业。

长期以来，百度给外界的第一印象是一家互联网科技企业，拥有搜索引擎核心技术。但其实，百度在智能交通方面也是处于领跑的位置，从2013年就开始投入自动驾驶技术研发。

2017年，百度正式发布全球首个自动驾驶开放平台Apollo，与国内外汽车制造商、汽车电子及行业解决方案供应商建立合作关系，搭载Apollo车载智能系统的量产车问世，初步建立了以自动驾驶技术平台为引领的智能交通产业生态。

2020年，百度发布智能交通引擎1.0，首次提出了“车路智行”智能交通整体解决方案；2021年发布智能交通引擎2.0，遵循“1+3+N”总体架构，基于一套“车、路、云、图”数字底座，在自动驾驶、车路协同、MaaS出行三大引擎的基础上，提供智能网联、智慧交管、智慧高速、智慧交运、智慧停车、智慧教育、智慧文旅等行业细分场景解决方案。

百度智能驾驶业务副总裁、百度智能交通业务总经理吴书林表示，百度ACE智能交通引擎2.0可以实现“感知能力更精准、数据资源更多元、智能引擎更强大、业务应用更丰富、赋能行业更全面、用户体验更优质”六大目标，形成具有领先优势的智能交通“中国方案”。经过一年的发展，ACE智能交通引擎2.0已经在“聪明的车”“智慧的路”“智能的云”“领先的图”等方面，构建起更加丰富的产品矩阵，为智能交通系统化建设提供了完备的解决方案。

百度智能交通的落地离不开研发投入。智能交通是百度的重点赛道，是技术门槛极高的领域，需要持续进行高强度的技术研发投入。2022年一季度，百度的核心研发投入达到了51亿元，连续6个季度占百度核心收入比例超过20%。未来，百度将继续践行“压强式、马拉松式”的研发投入。

“百度一直坚持单车智能与车路协同的融合发展路线。”吴书林指出，基于“聪明的车+智慧的路”的理念，通过车路协同从全局来统筹优化，效率远高于单车智能，并能从根源上解决拥堵问题，让交通效率大幅度提升。以车路协同为基础的智能交通，将能够提升15%～30%的通行效率。同时，百度把人工智能、5G、大数据、云计算等新技术与交通行业深度融合，探索交通强国高质量发展的"中国模式"。

（改编自 http://baijiahao.baidu.com/s?id=1740905592529760941&wfr=spider&for=pc）

第一节 智能革命时代背景下的未来劳动

未来劳动是什么样的？有人会说，机器人会在生产服务领域全面代替人类。也有人会说，人类可以依靠强大的未来技术做着自己喜欢做的事情。无论你畅想的未来劳动是什么模样，可以预见的是，一个高度智能化的时代即将来临。届时，人类的聪明才智将与未来科技进一步结合，甚至能够进入虚拟世界同时进行多维度的劳动，劳动的效率会大大提高、强度则会不断降低。未来，相信人们将会在未来科技的帮助下更加自由、快乐、幸福地生活、劳作。

一、劳动要素的新变化

从劳动的一般性出发，生产要素主要包括劳动者、劳动工具和劳动对象。劳动中的生产要素是不断发展变化的历史范畴，随着生产力水平的提高，呈现出愈加细化和多样化的特征。

（一）劳动对象无形化

在原始社会阶段，人们依赖自然进行生产劳作，自然环境和人的躯体是主要的生产要素；在古代社会，人们开始依托土地和简单工具等物态生产要素；到了近代社会，资本、机器、生产管理等成为新的生产要素；现代社会生产依托的科技知识，数据、信息等无形资源被纳入生产要素的范畴。"各种经济时代的区别，不在于生产什么，而在于怎样生产，用什么劳动资料生产"，[①]总的来说，在人工智能出现以前，劳动对象往往面向的是纯粹的自然物，是现实存在的客体，随着人类认识和改造世界的实践活动不断深入，天然的劳动对象已经无法满足人们的生产需要，因此人们开始不断发掘新的劳动对象。随着人们实践范围的扩大，劳动对象也从"自然物"向"人造物"扩展，越来越多的"人造物"如信息、数据、知识等虚拟物质开始被纳入劳动对象的范围，无形劳动对象逐渐显现，这是对传统物质资料劳动对象的巨大突破。人工智能劳动的推进以海量数据资源作为依托，大数据成为智能劳动的主要价值创造对象。人类无时无刻不在制造数据信息，这些数据经过收集、整理、分析而成为新的劳动对象，为智能劳动进行价值创造提供稳定、无限的材料，人们对信息的收集和数据的处理也可以看作对劳动对象的加工过程。

---

① 马克思.资本论：第1卷[M].中央编译局，译.北京：人民出版社，2004：210.

（二）劳动工具智能化

智能化的劳动工具首先表现为其自主能力的提升。人工智能的重要功能之一就是将人的智能转化为劳动工具的职能。这样的劳动工具，甚至既不需要劳动者来驱动，更不需要劳动者来驾驭，就可以完全按照劳动者提出的任务目标和约束条件自行完成，人的大脑被大大“扩展”，四肢被大大“延长”，生产劳动的自动化才因此有可能成为现实。其次是劳动工具适应性增强。所谓劳动工具适应性，就是指劳动工具通过自我调整、组合的方式，适应劳动可变因素的能力，实质上就是劳动工具根据劳动者、劳动资料、产品以及市场需求的多样化等来进行的相应调整，以增强其灵活性、通用性和复合性的能力。在智能化生产过程中，人工智能甚至无须任何人力操作即可完成生产数据的生成、传递与反馈，从而实现生产过程中信息传递的“零距离”与“零时差”，以构建柔性生产线系统。随着科学技术的大力推动和市场需求的强力拉动，劳动工具的适应性增强成为当代劳动工具智能化的一个重要表现，也是劳动工具演化的一个重要方向。

（三）劳动主体自由化

劳动者是劳动过程中最活跃的要素，人工智能的应用使劳动者获得更多自由时间。在人类文明的发展史上，机器一直是人类用来改造自然和解放体力劳动的有力工具，也是人类用来发展工业生产和提高劳动生产率的重要手段，生产效率的提升必将带来必要劳动时间的缩短。抛开生产关系，仅从技术本身出发，人工智能技术的应用既是人类积累劳动的结果，也是节约劳动的途径。人工智能技术在生产中的应用能够突破人类劳动在时间、空间、力度等方面的种种界限，提高生产效率，缩短必要劳动时间。正如当前人工智能应用于大型产业生产中后，机器就会代替人工劳动，生产流水线可以无限变长，生产周期也会变短，劳动者的工作效率自然得以提高，从而延长了劳动者自由支配的时间，这是人工智能在生产领域的应用带来的解放劳动者的直接效应。此外，人工智能技术的应用大大提升了对劳动力素质的要求。从微观上看，在当前的智能生产线上，人类劳动者的数量大幅减少，但人与智能设备的协同关系依然存在，故劳动者需要不断地学习以提升自身能力，以具备足够的有关生产工具、生产工艺和劳动内容方面的专门知识和创造性思考能力，来适应新的生产力发展水平，获得新的岗位。

二、劳动模式的新变化

（一）“云端＋劳动”

所谓“云端”，就是指云服务。云服务的运用极大地转变了信息技术的发展方式。借助由云服务商提供的超级服务器，人们（包括企业、员工和用户）将智能设备与云端互联互通，让不同地域的人们共享、协作、聚合劳动成果。随着办公自动化（OA）在企业和学校的广泛应用，人们已经逐步习惯于在网络上进行实时消息的发送、材料的上传和下载以及项目流程的审批和签报。然而这一时期的办公自动化行为只是属于“网”上办公，而并非“云端”上办公。近年来，每当我们打开文档进行操作的时候，应用程序会自动将其上传至该程序搭载的服务器中，并自动提示“该文件已经上传至服务器”；当我们运用手机、电脑等设备上传、下载文件时候，相关的服务商也总是会提醒你该文件已经备份到“云端”——这就是“云服务”功能。目前，上班打卡办公用到的“钉钉”，在线教育用到“腾讯课堂”，召开视频会议使用的“ZOOM”，都运用到了云服务。正是因为云服务的支持，人们才有能力迅速改变工作方式，提升线上办公、协作的效率。未来，云服务相关技术的迭代升级将会推动其服务质量进一步提升。届时，“云端＋劳动”会成为人们从事生产服务活动最常态化的模式。

拓展阅读

武进启动“智慧城市规划云服务平台”

武进启动“智慧城市规划云服务平台”，将各类数据结合“云服务”方式，为城市规划设计提供数据支撑，此项工作全市首创、全省领先。该项目属于市规划局武进分局重点打造的“基础数据提升工程”，结合武进区“智慧城市”建设要求，以完善武进区空间数据综合体系、扩充规划数据信息化应用为目标，通过计算机、网络技术和信息化手段，将各类规划设计、测绘、成果管理等数据信息进行空间和信息关联，为涉及规划和管理需求的部门提供数据服务和功能支撑，可有效提升资源的综合利用和城市管理效能。

武进规划部门负责人告诉记者，“智慧城市规划云服务平台”通俗地说就是个大数据集成系统，主要包含规划管理、规划设计所需要、所涉及的所有数据，即各类建筑物、道路、河流、地面高程、地表起伏状态、地面沉降、地下建筑、地下管线等。“非常详细，既有地表数据，又有地下数据。”

据了解，目前地面数据基本都纳入平台，地下数据还在完善中。下一步平台将推广应用，不断扩展，所有城建口相关的部门、行业单位如有需求都可以共享数据资源。

（改编自 http://sannong.cntv.cn/2015/04/10/ARTI1428634998272154.shtml）

（二）“数据＋劳动”

20 世纪 90 年代以来，科技发展引发了全球范围内的数字技术革命。随着电子计算机的普及，人们获取信息的手段越来越丰富，绝大多数人便是在此时开始接触互联网，尝试运用其发送电子邮件、浏览门户网站和使用搜索引擎。21 世纪前二十年，以手机、平板、电视为代表的新一代智能设备带来了海量的数据。此时，人们开始注意到了数据的价值。数据是事实或观察的结果，是对客观事物的逻辑归纳，用于表示客观事物的未经加工的原始素材。无处不在的数据能够精确还原人们的真实需求和行程轨迹，判断人们未来的偏好和行为，把海量的数据搜集好、处理好、保护好对未来经济社会的发展具有重要的意义。2020 年 4 月，我国正式将数据与土地、劳动力、资本、技术并列，将其视为第五种生产要素。充分利用好数据，将会是未来劳动者提高劳动效率、创造更多价值的一项重要手段。近几年，“数据＋劳动”的模式已经在快递行业初见端倪。以大家最为熟悉的外卖送餐为例，外卖骑手根据外卖平台提供的数据在指定地点取餐，然后按照卫星地图中的用户地址通过规定路线送餐。在这一过程中，外卖平台的作用就是将数据转化为生产力，让骑手能够准确把握取送餐时间和最优的送餐路线，以此来避免投递超时造成的客户投诉，提升单位时间内外卖骑手的送货量。目前，“数据＋劳动”这一模式已经开始应用于零售、金融、电子商务等多个领域，包括各行业行政效率的提高、行业市场细分、风险管控能力的加强等多种工作。未来，“数据＋劳动”必定会为改善企业效率提供更大的创见。

拓展阅读

DHL 公司物流方案：“数据＋配送”

在川流不息的街道上经常可以看到身着各种颜色服装的快递员，但你知道快递员的投递车辆应该按照怎样的路径行驶，才能让他们获得最大的收益呢？这个重要的技术就是供应链网络优化。要做好供应链网络优化是一个非常艰巨的任务，因为这中间有很多因素要考虑，而且这些因素每天都在变化。世界快递巨头 DHL 研发出了一套运输优化的系统，通过大数据的力量对货运数据进行深入的分析。

这套系统有 4 个模块流程，包括运费优化、车队优化、返程优化和节点与物流枢纽的协同优化。这些模块可以单独运营，也可以多模块组合运营。优化的维度涉及发货的时间、交货的时间、车辆配载尺寸等。通过各大模块的数据分析，要创建出更大、更有效的整车货运系统，可以计算出最适合车队规模的运输解决方案，减少了返空行驶的里程，将货物整合到更低成本的卡车当中，在最后一公里进行货物的拆分，进一步减少卡车的空载率。在返程车的利用方面，这个技术可以识别承运人的需求，增加更多的车货匹配机会，这样的技术已经应用到了具有多个配送中心的大型网络式物流配送中心当中。

在后台大数据方面，系统可以分析出 100 万个历史货运数据记录，快速输出可优化的方案，这就是大数据驱动下的全新的数字物流的运营模式。

（改编自 https://zhuanlan.zhihu.com/p/266289324）

（三）"智能＋劳动"

智能化是指事物在计算机网络、大数据、物联网和人工智能等技术的支持下具有的能满足人的各种需求的属性。比如无人驾驶汽车，就是一种智能化的事物，它将传感器物联网、移动互联网、大数据分析等技术融为一体，从而能动地满足人的出行需求。之所以这么说，根本在于它不需要人为操作，能够不借助外力的帮助"主动"驾驶。目前，各行各业都有了不同程度的智能化发展趋势。就以与大家关系最为密切的农业为例，智能农业机器人的诞生就大幅提高了农业生产力水平。澳大利亚工程信息技术学院和悉尼大学联合在 2017 年推出了农业耕作机器人，这种机器人可以做到完全自主，4 个轮子可以实现 360 度的旋转卫星定位远程操控，每天可以利用太阳能自动充电，可以 24 小时不间断作业，一个机器人可以管理 30 亩地，相当于 4 个足球场大小的农作物作业面积。同时，这种机器人拥有高速的摄像头和遥感器，能够对每一个农作物进行精准拍照识别，对于害虫杂草，它的智能喷头可以精准地喷洒农药，消灭害虫，铲除杂草。

了解了智能工具就不难理解"智能＋劳动"的模式了。"智能＋劳动"是指人和智能机器人形成某种程度上的人机协作。也就是说，由机器人从事精度与重复性高的作业流程，而工人在其辅助下进行创意性工作，充分发挥机器人的效率和人类的智能的双重优势。机器的优势在于速度、准确性、重复性、预测能力和可扩展性能，但机器只能执行预先编好的程序代码，只能实施具有规律性的行为动作，导致其运行流程具有标准化的特质。相比之下，人类的优势在于创造力、灵活性、评判力、即兴创作以及社交和领导能力。因此，“智能＋劳动”不是让机器完全替代人类做所有的工作，而是充分发挥机器与人各自的特点，用机器运行时间替代人类的劳动时间——尤其是重复性、机械式的劳动时间，减少劳动者从事体力劳动所花费的精力，大幅增加个体可支配的闲暇时间，让人们有更多时间和精力充分发挥创造力、想象力和控制力，让人更像“人”，而不是像机器一样工作。比如在制造工厂的生产车间，由于配置了具有学习功能的智能软件和能够适应当前情况并对人类活动作出反应的传感器，工人与机器人一起协同完成任务，机器人承担着重复、精密和繁重的工作，工人则运用自己的智慧与灵活度进行作业，并可以针对服务对象的需求作出多样化的适应性选择。

三、劳动过程的新变化

（一）劳动过程数字化

先进科学技术应用于具体的生产过程，表现为数字化的劳动对象、无形化的科学技术知识，劳动者通过无形的技术知识驾驭数字化的劳动对象，成为传播先进科学技术和使用高科技劳动资料的主体，进一步增强认识和改造世界的能力。科学技术的发展推动生产方式的变革，促使传统生产过程向数字化方向转型。在马克思主义理论中，“人以自身的活动来中介、调整和控制人和自然之间的物质变换过程”[①]，劳动首先是人与自然之间互动关系。在传统的制造业领域，劳动者在生产中借助半自动化或者自动化的机械设备，将自身的体力或者脑力直接作用于原材料来进行物质生产活动。在当前人工智能技术的背景下，随着智能化的生产设备和生产资料的应用，生产过程的自动化和智能化程度显著提升，人与自然之间物质交换的直接性被弱化。劳动者更多的是通过智能化的生产设备间接地参与和控制生产过程，使得传统生产劳动向数字化的方向转型。不只是在制造业领域，服务业领域的劳动过程也趋向数字化。在传统的服务业领域，劳动是劳动者通过自身的脑力和体力来满足他人的特定消费需求，通常是以面对面的形式提供服务，以面对面服务活动为主，一定程度上受到时空因素的限制。随着智能技术的应用，服务行业开始借助数字平台将传统的面对面服务劳动转变为数字化服务劳动，相较于传统服务过程，数字化的服务劳动过程更加高效便捷。

（二）劳动场景无人化

科技发展对人类劳动最直接的影响表现为生产力的进步和生产率的提升，那么完成相同的劳动量所需要的劳动力数量就会相应减少。历史上，每一次生产力的飞跃都会带来某一领域的劳动力数量的减少。工业革命时期，随着机械化生产的普及，大量农业劳动者和手工业劳动者走向工业生产流水线，第一业领域劳动力数量减少，产业工人

---

① 中共中央马克思恩格斯列宁斯大林著作编译局. 马克思恩格斯文集：第5卷[M]. 北京：人民出版社，2009：207－208.

成为社会劳动主体。而后随着生产的自动化程度提高，工业生产流程对劳动力的需求也在不断减少。随着人工智能等先进技术的普及，生产的自动化程度更进一步，智能机器对人类劳动者的替代正在延伸到生产的各个方面。一方面，劳动者从工业生产中的一线工人转变为生产的监督者，以往成千上万的产业工人奔赴一线进行生产劳作的情景正在被“无人工厂”“无人车间”所替代，这种少有人类劳动者参与的生产模式甚至创造出更高的生产力；另一方面，“无人化”开始向生活领域普及。除了无人车间，无人工厂以外，无人零售超市、无人集装箱码头、无人智能餐厅等越来越多地走进现实。总之，与工业革命的影响相比，人工智能所引起的“技术替代”是全方位的，从生产领域到生活领域，无法被智能机器替代的劳动形式将不断被压缩。

四、劳动场域的新变化

人工智能依托数字技术在现实空间的基础上衍生出虚拟空间，改变了传统劳动的空间和时间布局，劳动场域在人工智能的作用下发生新变化：劳动在空间上实现虚拟和现实交融，在时间上实现灵活调整，劳动的自由度大大提升。

（一）虚拟空间与现实空间交融，打破空间限制

在人类历史发展过程中，人们进行劳动活动的空间发生过数次转型。在农业时代，人们由捕猎采集的游牧生活转变为以耕地为主的农民生活后，以村落为中心的土地是人们进行劳动活动的主要空间场所，大多数劳动者被束缚在较为固定的空间内。到了工业时代，以机器生产为主的劳动方式很大程度上摆脱了天气、水源等自然条件的限制，大量农民从农业生产中脱离出来，进入工厂劳作。这时，工厂成为人们劳动的主要空间。也就是说，现实的物质生产空间仍是人类进行劳动的场域基础。

但随着人工智能在生产和生活中应用范围的扩大，以现实物质劳动空间为依托，由

人工智能科技衍生出新的虚拟劳动空间成为工人劳动的第二大空间。

第一，工人可以通过可穿戴人工智能设备进入虚拟空间进行劳动，例如进行虚拟游戏竞赛，虚拟产品测试，虚拟战争推演、虚拟技能培训、虚拟情境教学、虚拟生产体验等，也就是说工人可以通过人工智能进入其生成的虚拟空间，并运用虚拟空间生成的虚拟劳动工具进行劳动，这种劳动对于场景体验、产品设计、教育教学以及军事训练等具有重要意义。

第二，人工智能软件也依托互联网创设了网上虚拟劳动空间，人工智能软件通过其强大而富有吸引力的功能吸引工人长时间驻足于这一特定的虚拟空间进行数字劳动，生产出海量数据原材料或数字产品。例如，工人进行浸入式的电子游戏劳动、工人在内嵌算法推荐闲性 APP 中进行娱乐或社交劳动以及工人运用人工智能软件进行数字作品创作等劳动。工人在人工智能创设出的虚拟空间中进行劳动并不是纯粹单一的空间，它是基于现实物质空间之上进行的，这种虚拟和现实空间相互交叉共同构成了工人新的智能化数字劳动空间。

(二) 劳动时间灵活变化，打破时间限制

大多传统工人的劳动时间是相对完整且固定的，工人需要在规定的时间内进行生产劳动。随着人工智能在生产生活中的普及，工人劳动的方式、内容等发生变化，工人不仅可以灵活地选择劳动空间，还可以结合自身情况灵活选择劳动时间。这种灵活性源于人工智能机器承担人类劳动者的部分劳动，人们就拥有更多的可灵活支配的时间来进行或间歇或持续的劳动。但是这种灵活性具有双重性质，一方面对于以满足人民美好生活需要为追求的劳动来说，弹性劳动时间象征劳动的相对自由，劳动者可以根据自身需求灵活调整自身的劳动时间；另一方面对于以赚取剩余价值为目的的劳动而言，可以灵活变动的劳动时间意味着更加巧妙的压榨剥削。工人受制于资本，资本根据生产需要决定工人或提前上班或延时加班，这种或长或短的劳动时间表面上是弹性工作，实际是资本对工人的弹性控制。

拓展阅读

人工智能现在能有多“聪明”

2023 中关村论坛上，“人工智能”无疑是最热门的关键词。无论是自动驾驶还是智能穿戴，是量子计算还是 5G 通信，甚至碳中和，众多前沿科技的背后都离不开人工智能技术的支持。可以说，未来十年，人工智能将继续改变各行各业以及普通人的生活。

5G 通信新应用　可视自助服务带来交互新体验

最新数据显示，我国 5G 用户已达 5.61 亿，我国累计建成开通 5G 基站 231.2 万个，全球占比均超过 60%。而一季度全国平均 5G 下载网速为 334.98 Mbps，峰值下载速率为 472.92 Mbps。如此快的网速，再加上人工智能的支持，除了用来刷社交网络、日常办公学习，还可以用来做什么？中国联通此次展出的“5G新通信智能交互平台”，就应用了5G“大带宽、低时延、泛连接”的特点，运用5G音视频交互与AI原子能力，结合AR&VR、三维建模、智能交互等先进技术，做到了5G内生服务下的音视频交互应用。平台运用多媒体、三维建模、实时跟踪、传感、智能交互等技术，实现端到端的可视化、智能化新通信服务，为企业、政府等提供5G音视频交互、智慧虚拟形象等功能。如金融行业应用版平台，用户可以远程接入银行柜台服务，享受与现场办理同等的体验及个人隐私保护；能源行业应用版平台则重构了井场智能联动系统应用体系，实现了井场资源数字化管理、井场巡护数字化编制。交通行业版平台以5G新通信为基础提供无障碍智能通信服务，为老年乘客提供可视化交互的智慧助老服务。

“数智人”更聪明　与大模型融合能“听懂你的话”

数智人，简单来说就是虚拟人，借助拟人化的外表、人工智能的内核，数智人已经开始在众多行业中商业化落地，辅助人工服务，提升企业运行效率。例如，数智人在金融、文旅、传媒、公共服务、医疗、零售等行业场景中，可担任座席客服、理财顾问、播报主持、导游导览角色；在文化娱乐场景，可以作为虚拟偶像、虚拟歌手等形成IP资产；在智能车载、智能交通、智能家居等场景，可以通过与智能设备结合，为用户提供智能化服务。腾讯云智能小样本数智人生产平台近日首次对外发布，只需要3分钟真人口播视频、100句语音素材，平台便可通过音频、文本多模态数据输入，实时建模并生成高清人像，在24小时内制作出与真人近似的“数智人”。相较于照片生成、仅能呈现面部形态的数字人，小样本数智人可根据文本设计手势，唇动、口型、表情复现真人风格。本届中关村论坛，北青报记者也尝试用数智人虚拟主播，代替真人主播出镜，进行7×24小时的直播服务，吸引了诸多观众关注。

“无人驾驶”上街　最新行人预测模型呼之欲出

如今在亦庄等地，已经可以打到百度自动驾驶的车辆。未来，随着技术发展和政策批准后，车上的安全员将会撤出，自动驾驶车辆会实现真正的无人化。据百度公司介绍，无人驾驶技术核心是“百度汽车大脑Apollo平台”，包括高精度地图、定位、感知、智能决策与控制四大模块。最新的Apollo已经进化到引入多个基于深度学习的模型、发布了基于语义地图的低速行人预测模型、引入了基于语义地图的模仿学习。在本次中关村论坛上，旷视科技发布了自研智能托盘四向穿梭车系统。旷视智能托盘四向车作为柔性物流系统中的离散型设备，可以实现“一车跑全仓”。为什么说是“柔性物流”？旷视表示，主要是因为它具有离散型设备、分布式控制两大特点，用户企业可以像搭积木一样，根据需要灵活组合，柔性部署。其次，柔性则体现在整个系统的“动态可扩展”，用户企业可以根据淡旺季以及业务增长等变化，随时增减四向车数量，提升系统承载能力。

AR眼镜“同声传译”智能穿戴设备助力无障碍

随着人工智能融入生活的方方面面，搭载人工智能的设备也趋于小型化，如智能手表可接听电话、回微信、监测运动情况等;智能眼镜外形如普通眼镜,戴上后可以接打电话、听音乐等。不过,中关村论坛上展示的这一智能眼镜,则更实用。这款名为"亮亮听语者智能眼镜"是一款双目光波导 AR 智能眼镜。VR 眼镜戴上后会沉浸在虚拟世界,AR 眼镜则不会阻挡视线,其将现实世界与虚拟世界进行融合,从而实现一些在现实世界中无法做到的功能。如听力受损人群常常因"听不清""听不见"声音而在工作、社交、学习过程中遇到困难,这款眼镜可以将声音信息转换成文字在眼前显示出来。它还具有同声传译功能,可以识别不同国家的语言,同时转换成汉字或者其他国家的文字呈现前,帮助用户在国际语言交流的环境中方便理解。

(改编自 https://news.cctv.com/2023/05/29/ARTIZ28VpyNxJz4wj2oRdXeL230529.shtml)

第二节　未来劳动者应具备的劳动素质

面对新一代信息技术即将为社会带来的颠覆性变革,作为未来主人翁的青年大学生们要时刻树立探索精神,通过构建"智能+技能"的知识体系,在实践过程中培养发现、分析和解决问题的能力,主动接受技术进步带来的机遇与挑战。

一、塑造智能时代的探索精神

(一) 培养智能时代的创新性思维

未来劳动的发展变化无疑对劳动者的创新能力、解决问题能力、变化适应能力、交流协作能力和终身学习能力提出了更高的要求。作为未来中国社会的劳动者和建设者,青年大学生比任何群体都应具备更强的批判性思维和创新创造能力。智能革命日益临近,青年大学生必须早做准备,以高效的学习方式和高昂的学习热情迎接人工智能时代。未来的劳动者不仅要努力提升理论素质、锻炼专业的动手实践能力,还要学会发散思维、举一反三,通过创新性的思维方式对习以为常的事情进行合理质疑、提出新的假设,在实际生活学习中努力提升分析和解决问题的能力。

创新性的思维是提升未来劳动者创新能力的基础,而对于创新思维的锻炼则需要劳动者具备深厚的学科底蕴和健全的知识结构。在智能革命的大背景下,基于云服务的各类平台将会整合数量更为庞大的数据库,未来劳动者将会有更多的机会和渠道查阅论文、书籍、网络公开课等知识资源。借助智能工具,人们可以在任何时候查找那些经过授权的内容,获取知识的目的也不再是单纯地为了记忆或应付考试,而是在学习、掌握基础知识的前提下总结经验、发现和解决新的问题,抑或从知识方法论中获取新灵感。

(二) 学会用科学的方法解决问题

创新是未来劳动者必须具备的能力,而要想进行创新就无法离开科学的思考方法和范式。当在工作学习过程中遇到问题时，不要将思维局限于某一固定的模式和方法，要敢于在基于事实的基础上尝试提出新观点和新发现。未来劳动者在学习过程中要具有科学精神，在课内外实验和实训当中熟练掌握处理、分析数据的方法，按照实验步骤对相关问题作出假设检验，分析结果并得出独立观点。同时，未来劳动者也要在创新活动当中多征求其他人的观点和意见，增强团队成员之间的协作能力，共同提升分析问题和解决实际问题的能力。

（三）勇于从事具有创造性的劳动

未来劳动不是简单劳动的加倍或者单调的重复劳动，而应该是具有特殊意义的创造性劳动。作为未来劳动者，青年大学生们应经常关注国家重大战略部署，了解科技发展和产业变革的最新动向，积极对接国际国内前沿的创新创业项目，按照现阶段政府和社会的实际需求，主动参与项目的策划和实施，提升自身的劳动能力。在实践中，应当及时了解大数据、云计算、人工智能等新一代信息技术的基础知识，掌握未来劳动发展依靠的新技术和新方法，在就业创业当中不断培养自身的创造性劳动能力。

二、具备更高的数字素养

（一）数字工具运用能力

人工智能时代，技能人才将被划分为技术的创造者、使用者和协作者。对于技术的创造者来说，需要具备计算思维和数字能力，需要拥有数字科学、技术科学和自然科学、人文科学的跨学科能力；对于技术的使用者来说，需要信息技术、数据分析处理、内容开发等方面的能力，需要利用信息技术解决面临的各种问题。未来劳动离不开数字化工具。这是因为无论是智能建造还是智能服务，无论是“云端”还是智能机器人，未来劳动在抽象意义上就是聚焦于数据要素的劳动形式，这样一来就自然而然涉及利用数字化的工具对信息进行识别、选择、过滤、存储和使用。

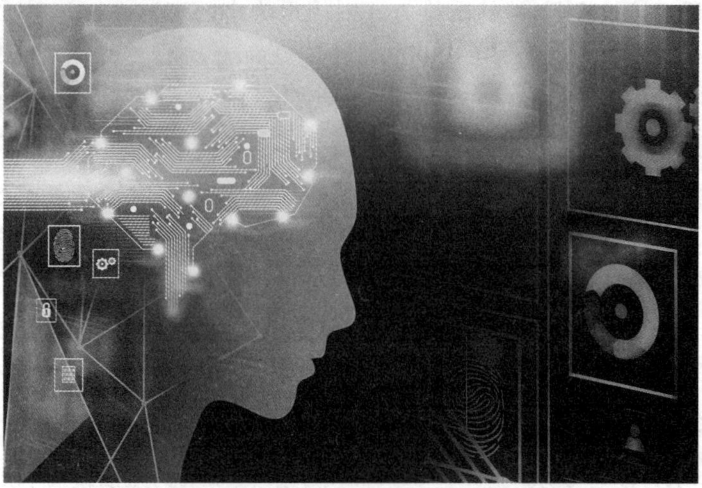

拓展阅读

数字职业拓展就业新空间

数字化解决方案设计师，为工厂量身定制最优方案，让机器更“聪明”；农业数字化技术员，借助机器视觉等新技术，实现果蔬种植智能作业；互联网营销师，通过精心选品、视频创推，让产品卖得好、销得广；虚拟数字人捏脸师，帮助用户打造具有个人特征的虚拟形象……

在当下的就业市场中，这些新兴数字职业备受年轻人青睐，正成为他们的就业新方向，其所反映的就业新气象和新空间引人关注。根据招聘平台相关数据，2022 年第四季度，数字产业招聘的职位数量在全国占比超过两成，数字经济就业规模不断扩大。

国家互联网信息办公室近日发布的《数字中国发展报告(2022 年)》显示，2022 年中国数字经济规模已经达到 50.2 万亿元，占国内生产总值比重提升至 41.5%，总量居世界第二。数字经济的蓬勃发展，深刻重塑了我们的生产和生活，也孕育催生了一批新兴数字职业。人社部最新发布的国家职业分类大典，首次标注了包括机器人工程技术人员、数字化解决方案设计师、智能楼宇管理员、农业数字化技术员等在内的 97 个数字职业，占职业总数的 6%。

随着数字经济的持续发展，尤其是人工智能等前沿技术不断取得突破，并被更多企业采用以实现自身数字化转型，各行各业都需要招聘人员管理并应用这些新技术。如此，将有更多数字化相关的工作被创造出来。世界经济论坛此前发布的第四版《未来就业报告》也预测，到 2027 年，数据分析、机器学习和网络安全等相关职位预计平均增长 30%。众多数字职业的发展壮大，不仅对于实现高质量就业具有重要意义，还将成为我国数字经济进一步发展的支撑力量。

数字职业不断扩容出新，拓展了就业新空间，提供了发展新机遇。对劳动者来说，在这一波浪潮中抓住机遇、成功实现自我发展，需要未雨绸缪、积极应对。

面对未来数字技术的加速迭代演变，树立终身学习的观念至关重要，持续接受数字技能等培训、实现自我发展，才有机会更从容应对不断升级的工作需求，也才能筑牢自身职业竞争力的安全堤坝。除此之外，人机耦合大趋势，对劳动者的分析能力、批判性思维、感知力等也提出更高要求。对此，我们应当有目的、有计划地进行长期储备，以更好适应与人工智能等协同合作的新场景。这也呼唤企业、政府等敏锐感知相关需求，提供更多的学习机会和技能培训服务。

更好适应新技术革命下的就业新要求和新趋势，还有赖于包括教育系统等在内的人才培养体系提供强有力的支撑。比如，职业教育如何紧跟变化趋势，在强化劳动者对科技工具的使用和数据技能的掌握中发挥应有的作用，进而建立起终身学习的职业教育体系。再比如，传统教育如何在新评价体系的指引下，加快调整教育教学方式，助力学生培养创造性、多样化的思维等。实现高质量发展、高质量就业,需要我们在人才培养相关问题上前瞻规划、精心筹谋,持续激发并蓄积人才红利。

(改编自 https://news.cctv.com/2023/05/29/ARTIYgnn3g5PunDqzdxGXKTV230529.shtml)

(二) 数字媒介沟通能力

熟练运用数字媒介交互沟通是智能时代开展未来劳动的基础。根据不同的应用场景和对象,劳动者应具备在不同场合使用不同数字工具进行适应性交流的能力、在社交媒体上自由表达并有效传递正确信息的能力、参与社交和分享资源的能力等。

(三) 数字信息判断能力

未来劳动需要劳动者具备正确判断数字媒体内容的正确与否的能力。随着时代不断向智能化、信息化深入迈进,未来劳动者不仅需要掌握运用搜索引擎等网络工具查阅相关学习与生活信息的能力,同时也需要具有在信息大潮当中辨别是非的能力。在充分享受数字时代给我们带来的便利的同时,自觉规避信息时代隐藏的潜在影响和风险。

三、建立"智能+技能"的知识体系

(一) 稳抓智能时代专业技能的发展方向

智能时代为未来劳动者提供了开放而包容的成长空间和发展土壤。届时,学科与学科之间、学科与专业之间的藩篱将被打破,过于单一的知识体系将无法驾驭未来社会超学科知识链的要求。因此,作为未来劳动者的青年大学生,要在就读期间夯实自身专业基础知识,系统而全面地了解学科专业的知识结构。与此同时,可以借助高校间的资源共享平台,以及在线公开课、云课堂等在线课堂,共享智能交互的学习环境,将不同的学科专业逐步融合起来,力争成为具有复合背景的专业人才。

(二) 在实践中强化"智能+技能"的培养

未来劳动是基于智能化、数据化的劳动,部分产业已经实现无人化的工作场景。在不久的将来,会有越来越多专业精度要求高、危险性大的工作逐步智能化、数字化。对于青年大学生来说,无论智能劳动未来将会替代多少人类劳动,作为一个领域的专家和大师,一定要拥有让"人所不能"甚至让"智能所不能"的专业水平。因此,当代青年大学生要进一步深化课堂教学成果,通过实习实验进一步了解专业领域的设备和操作,让专业知识能够学以致用。同时,劳动者们也要熟悉专业所对应的工作岗位、所从事工作的内容和对工作人员能力与素质的要求,更全面、更深入地了解人工智能时代对高素质劳动者的职业能力、专业认知、劳动精神等方面的需求。在实践中加强劳动行为的规范性,培养和塑造劳动纪律、时间观念和团队合作精神,积累职业经验,为日后走向职场奠定基础。

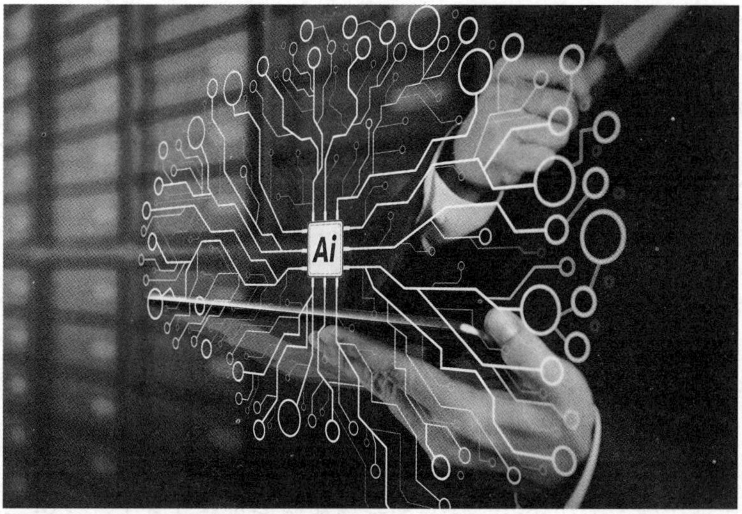

（三）认真学习未来通用的劳动科学知识

智能革命无疑将会逐步改变乃至颠覆现有的劳动方式和劳动过程。但与此同时，科学技术的进步在使一部分劳动岗位被替代的同时，无疑也会创造出新的劳动岗位，这需要当代青年拥有更加敏锐的眼光和开放的视野。对此，未来劳动者要在提高业务能力的同时，密切关注智能时代我国劳动关系、劳动法、劳动者权利保障、职业安全与卫生、工会的作用与职能等通用劳动科学知识的变化，认真学习未来劳动相关法律法规，熟悉劳动关系的政策和运行机制，了解与社会保障相关的法律法规和相关政策，逐步树立诚实劳动、合法劳动、体面劳动的意识，在未来就业中能够切实有效保护自身合法权益。

在新一轮科技革命和产业变革的历史进程中，依靠并掌握最新科技是未来劳动的重要特点。未来劳动者应具备能够适应时代的探索精神和创新性思维，学会用科学的方法思考问题、解决问题。同时，劳动者也要稳抓智能时代专业技能的发展方向，及时掌握未来劳动所需要的新技术和新方法，努力提升数字素养，在实践中培养“智能＋技能”的劳动能力，认真学习未来通用劳动科学知识，了解未来劳动法律法规的变化，为即将到来的智能时代做好充分的知识储备，先于时代、引领时代。

未来劳动是基于新一代信息技术发展的智能劳动。区别于传统劳动，未来劳动将会借助云服务、大数据、深度学习等技术手段，极大地丰富劳动的种类、提升劳动的效率、降低劳动的强度，甚至可以通过元宇宙平台进入虚拟世界从事多维的劳动。届时，人们可以按照自己的想法和兴趣，在未来劳动的过程中进一步提升认识和改造自然的能力，不断满足未来发展的需求，更好地实现自我价值。面对未来科技对社会生活带来的巨大变革，劳动者应该不断树立创新精神、提升数字素养，建立“智能＋技能”的知识体系，与时代同向同行。

思考训练

(1) 根据你所学的专业,思考人工智能会对你所从事的行业产生什么样的影响?

(2) 智能时代,我们应如何看待劳动的价值?

主题实践

智能革命,未来已来

进入21世纪以来,以大数据、人工智能、5G、物联网等为核心的新技术风起云涌,迅速融入政治、经济、社会、文化、生态等领域。尤其是人工智能技术在生产领域的运用,不但极大地提高了劳动生产效率,促进了生产力的革命性发展,而且对现有劳动价值及其相关观念也造成了巨大的冲击。随着人工智能逐渐代替劳动力,"铁饭碗"还存在吗?我们又该如何认识智能时代劳动的价值所在?

主题演讲:劳动创造世界,智能改变世界

1. 活动主题

21世纪头20年以来,人工智能的应用越来越广,改进了劳动工具和条件,大大提升了劳动效率,完善了生产和供应体系。显然,人工智能已经成为影响当今经济社会发展的一个重要因素。与此同时,作为20世纪下半叶以来持续深入发展的技术革命的集中体现,人工智能技术使人更加依附于机器,造成人的异化加深、人的价值虚无、人的活动固化,似乎对人的存在形成潜在的威胁,给人的自由而全面发展带来挑战。

本活动的提出,就是为了让大家行动起来,通过演讲的方式,深入了解人工智能的发展现状,了解人工智能对现代工作方式和生活方式产生的影响,正确对待人工智能发展带来的机遇与挑战,树立正确的劳动价值观。

2. 活动具体目标

1) 知识目标

通过"劳动创造世界,智能改变世界"主题演讲比赛,更好更快地认识和了解什么是人工智能,以及人工智能给劳动工具、劳动形式、劳动观念等方面带来的变革,正确看待人工智能对劳动价值产生的正面影响和负面影响。

2) 能力目标

通过演讲比赛,掌握撰写文章和演讲的能力,学会表达自己并感染他人;在实践活动中,感受新一代信息技术为社会带来的颠覆性变革,树立探索精神,构建"智能+技能"的知识体系,在实践过程中培养发现、分析和解决问题的能力,主动接受技术进步带来的机遇与挑战。

3）态度目标

在准备和开展演讲比赛的过程中，深入了解科学技术的发展对于劳动的重要影响，形成正确的劳动价值观；培养探索精神和创新性思维，学会用科学的方法解决问题，勇于从事具有创造性的劳动，成为新时代建设和发展需要的高素质人才。

3. 活动实施

（1）以小组为单位，依托网络，搜集相关资料，了解人工智能的发展历程。

（2）完成实践活动。组内选出最优秀的作品，代表全组参与班级组织的“劳动创造世界，智能改变世界”主题演讲比赛。

（3）由学生和老师共同推选出前三名。

4. 学习效果评价

完成主题实践活动之后，以小组会议的形式进行总结与思考。可以小组为单位撰写主题学习自评总结，提交PPT演示文稿，并推选代表在总评会上讲解，小组之间进行相互点评，最后由教师进行总结评价。

1）技能考核评价

技能考核评价表

班级		姓名	
学号		小组成员	
实践项目	主题演讲：劳动创造世界，智能改变世界		
实践流程			
结果分析			
自我评价	优秀□　合格□　不合格□		
教师评价	优秀□　合格□　不合格□ 教师签名：　年　月　日		

2）学习过程评价

学习过程评价表

序号	考核内容	配分	评分标准	自评	互评	师评
1	小组准备	10	小组分工明确，能够对学习任务内容及实施步骤进行精心准备			
2	知识运用	30	能够熟练、准确地运用所学知识完成主题实践任务			
3	成果展示与任务报告	20	成果展示内容充实、语言规范，主题实践活动报告结构完整、观点正确			
4	学习态度与课堂纪律	15	学习积极主动、态度认真，遵守教学秩序			
5	自主学习与动手能力	10	具有自学意识与较强的动手能力			
6	团队配合	15	团队意识、分工合作、问题解决、团队纪律			
7	总分统计	100				
8	综合评价					

参考书目

[1] 中共中央马克思恩格斯列宁斯大林著作编译局. 马克思恩格斯全集:第23卷[M]. 北京:人民出版社,2004.

[2] 中共中央马克思恩格斯列宁斯大林著作编译局. 马克思恩格斯选集:第4卷[M]. 北京:人民出版社,1995.

[3] 中共中央马克思恩格斯列宁斯大林著作编译局. 马克思恩格斯文集:第1卷[M]. 北京:人民出版社,2009.

[4] 习近平. 论中国共产党历史[M]. 北京:中央文献出版社,2021.

[5] 习近平. 习近平谈治国理政:第3卷[M]. 北京:外文出版社,2020.

[6] 宗伟,周兴前. 大学生劳动教育与实践[M]. 北京:科学出版社,2021.

[7] 谢宏兰,刘英. 高等职业院校劳动教育学习与实践[M]. 北京:北京理工大学出版社,2020.

[8] 孙百虎,邵英秀. 大学生劳动教育[M]. 北京:化学工业出版社,2021.

[9] 姜正国. 劳动教育与工匠精神教程[M]. 北京:北京理工大学出版社,2021.

[10] 法制出版社法规中心. 中华人民共和国劳动和社会保障法律法规全书[M]. 北京:法制出版社,2019.

[11] 浙江省红十字会. 现场救护培训手册[M]. 杭州:浙江科学技术出版社,2008.

[12] 莫玲玲,杜峰. 大学生劳动教育技能实践[M]. 北京:中国人民大学出版社,2022.

[13] 王雄伟. 大学生劳动教育[M]. 北京:化学工业出版社,2021.

[14] 人民教育出版社历史室. 世界近代现代史[M]. 北京:人民教育出版社,2006.

[15] 王一涛,杨海华. 大学生劳动教育与实践[M]. 苏州:苏州大学出版社,2022.

[16] 李效东,陈臣. 大学生劳动教育概论[M]. 北京:清华大学出版社,2021.

[17] 赵鑫全,张勇. 新时代大学生劳动教育[M]. 北京:机械工业出版社,2020.

[18] 安鸿章. 劳动实务——高等职业院校劳动教育读本[M]. 北京:北京理工大学出版社,2020.

附录

模块一　劳动的内涵

技能考核评价表

<table>
<tr><td>班级</td><td></td><td>姓名</td><td></td></tr>
<tr><td>学号</td><td></td><td>小组成员</td><td></td></tr>
<tr><td>实践项目</td><td colspan="3">社会调研:大学生劳动价值观调查</td></tr>
<tr><td>实践流程</td><td colspan="3"></td></tr>
<tr><td>结果分析</td><td colspan="3"></td></tr>
<tr><td>自我评价</td><td colspan="3">优秀□　合格□　不合格□</td></tr>
<tr><td>教师评价</td><td colspan="3">优秀□　合格□　不合格□
教师签名：　年　月　日</td></tr>
</table>

学习过程评价表

<table>
<tr><td>序号</td><td>考核内容</td><td>配分</td><td>评分标准</td><td>自评</td><td>互评</td><td>师评</td></tr>
<tr><td>1</td><td>小组准备</td><td>10</td><td>小组分工明确,能够对学习任务内容及实施步骤进行精心准备</td><td></td><td></td><td></td></tr>
<tr><td>2</td><td>知识运用</td><td>30</td><td>能够熟练、准确地运用所学知识完成主题实践任务</td><td></td><td></td><td></td></tr>
<tr><td>3</td><td>成果展示与任务报告</td><td>20</td><td>成果展示内容充实、语言规范,主题实践活动报告结构完整、观点正确</td><td></td><td></td><td></td></tr>
<tr><td>4</td><td>学习态度与课堂纪律</td><td>15</td><td>学习积极主动、态度认真,遵守教学秩序</td><td></td><td></td><td></td></tr>
<tr><td>5</td><td>自主学习与动手能力</td><td>10</td><td>具有自学意识与较强的动手能力</td><td></td><td></td><td></td></tr>
<tr><td>6</td><td>团队配合</td><td>15</td><td>团队意识、分工合作、问题解决、团队纪律</td><td></td><td></td><td></td></tr>
<tr><td>7</td><td>总分统计</td><td>100</td><td></td><td></td><td></td><td></td></tr>
<tr><td>8</td><td>综合评价</td><td colspan="5"></td></tr>
</table>

模块二　劳动精神

技能考核评价表

班级		姓名	
学号		小组成员	
实践项目	主题演讲:工匠精神在我心		
实践流程			
结果分析			
自我评价	优秀□　合格□　不合格□		
教师评价	优秀□　合格□　不合格□ 教师签名：　年　月　日		

学习过程评价表

序号	考核内容	配分	评分标准	自评	互评	师评
1	小组准备	10	小组分工明确,能够对学习任务内容及实施步骤进行精心准备			
2	知识运用	30	能够熟练、准确地运用所学知识完成主题实践任务			
3	成果展示与任务报告	20	成果展示内容充实、语言规范,主题实践活动报告结构完整、观点正确			
4	学习态度与课堂纪律	15	学习积极主动、态度认真,遵守教学秩序			
5	自主学习与动手能力	10	具有自学意识与较强的动手能力			
6	团队配合	15	团队意识、分工合作、问题解决、团队纪律			
7	总分统计	100				
8	综合评价					

模块三　劳动品质

技能考核评价表

<table>
<tr><td>班级</td><td></td><td>姓名</td><td></td></tr>
<tr><td>学号</td><td></td><td>小组成员</td><td></td></tr>
<tr><td>实践项目</td><td colspan="3">社会实践:为城市清洁出一份力</td></tr>
<tr><td>实践流程</td><td colspan="3"></td></tr>
<tr><td>结果分析</td><td colspan="3"></td></tr>
<tr><td>自我评价</td><td colspan="3">优秀□　合格□　不合格□</td></tr>
<tr><td>教师评价</td><td colspan="3">优秀□　合格□　不合格□
教师签名：　年　月　日</td></tr>
</table>

学习过程评价表

序号	考核内容	配分	评分标准	自评	互评	师评
1	小组准备	10	小组分工明确,能够对学习任务内容及实施步骤进行精心准备			
2	知识运用	30	能够熟练、准确地运用所学知识完成主题实践任务			
3	成果展示与任务报告	20	成果展示内容充实、语言规范,主题实践活动报告结构完整、观点正确			
4	学习态度与课堂纪律	15	学习积极主动、态度认真,遵守教学秩序			
5	自主学习与动手能力	10	具有自学意识与较强的动手能力			
6	团队配合	15	团队意识、分工合作、问题解决、团队纪律			
7	总分统计	100				
8	综合评价					

模块四　劳动法规与安全

技能考核评价表

<table>
<tr><td>班级</td><td></td><td>姓名</td><td></td></tr>
<tr><td>学号</td><td></td><td>小组成员</td><td></td></tr>
<tr><td>实践项目</td><td colspan="3">方案设计:重大危险源与化学事故应急救援</td></tr>
<tr><td>实践流程</td><td colspan="3"></td></tr>
<tr><td>结果分析</td><td colspan="3"></td></tr>
<tr><td>自我评价</td><td colspan="3">优秀□　合格□　不合格□</td></tr>
<tr><td>教师评价</td><td colspan="3">优秀□　合格□　不合格□
教师签名：　年　月　日</td></tr>
</table>

学习过程评价表

<table>
<tr><th>序号</th><th>考核内容</th><th>配分</th><th>评分标准</th><th>自评</th><th>互评</th><th>师评</th></tr>
<tr><td>1</td><td>小组准备</td><td>10</td><td>小组分工明确,能够对学习任务内容及实施步骤进行精心准备</td><td></td><td></td><td></td></tr>
<tr><td>2</td><td>知识运用</td><td>30</td><td>能够熟练、准确地运用所学知识完成主题实践任务</td><td></td><td></td><td></td></tr>
<tr><td>3</td><td>成果展示与任务报告</td><td>20</td><td>成果展示内容充实、语言规范,主题实践活动报告结构完整、观点正确</td><td></td><td></td><td></td></tr>
<tr><td>4</td><td>学习态度与课堂纪律</td><td>15</td><td>学习积极主动、态度认真,遵守教学秩序</td><td></td><td></td><td></td></tr>
<tr><td>5</td><td>自主学习与动手能力</td><td>10</td><td>具有自学意识与较强的动手能力</td><td></td><td></td><td></td></tr>
<tr><td>6</td><td>团队配合</td><td>15</td><td>团队意识、分工合作、问题解决、团队纪律</td><td></td><td></td><td></td></tr>
<tr><td>7</td><td>总分统计</td><td>100</td><td></td><td></td><td></td><td></td></tr>
<tr><td>8</td><td>综合评价</td><td colspan="5"></td></tr>
</table>

模块五　未来劳动

技能考核评价表

<table>
<tr><td>班级</td><td></td><td>姓名</td><td></td></tr>
<tr><td>学号</td><td></td><td>小组成员</td><td></td></tr>
<tr><td>实践项目</td><td colspan="3">主题演讲:劳动创造世界,智能改变世界</td></tr>
<tr><td>实践流程</td><td colspan="3"></td></tr>
<tr><td>结果分析</td><td colspan="3"></td></tr>
<tr><td>自我评价</td><td colspan="3">优秀□　合格□　不合格□</td></tr>
<tr><td>教师评价</td><td colspan="3">优秀□　合格□　不合格□
教师签名:　年　月　日</td></tr>
</table>

学习过程评价表

<table>
<tr><th>序号</th><th>考核内容</th><th>配分</th><th>评分标准</th><th>自评</th><th>互评</th><th>师评</th></tr>
<tr><td>1</td><td>小组准备</td><td>10</td><td>小组分工明确,能够对学习任务内容及实施步骤进行精心准备</td><td></td><td></td><td></td></tr>
<tr><td>2</td><td>知识运用</td><td>30</td><td>能够熟练、准确地运用所学知识完成主题实践任务</td><td></td><td></td><td></td></tr>
<tr><td>3</td><td>成果展示与任务报告</td><td>20</td><td>成果展示内容充实、语言规范,主题实践活动报告结构完整、观点正确</td><td></td><td></td><td></td></tr>
<tr><td>4</td><td>学习态度与课堂纪律</td><td>15</td><td>学习积极主动、态度认真,遵守教学秩序</td><td></td><td></td><td></td></tr>
<tr><td>5</td><td>自主学习与动手能力</td><td>10</td><td>具有自学意识与较强的动手能力</td><td></td><td></td><td></td></tr>
<tr><td>6</td><td>团队配合</td><td>15</td><td>团队意识、分工合作、问题解决、团队纪律</td><td></td><td></td><td></td></tr>
<tr><td>7</td><td>总分统计</td><td>100</td><td></td><td></td><td></td><td></td></tr>
<tr><td>8</td><td>综合评价</td><td colspan="5"></td></tr>
</table>